TITRE PROFESSIONNEL
GESTIONNAIRE COMPTABLE ET FISCAL

500 QUESTIONS-RÉPONSES

Préparation complète aux trois blocs de compétences

CCP 1 · CCP 2 · CCP 3

Conforme à la réglementation en vigueur

NEO STRATEGIE

FSC
www.fsc.org
MIXTE
Papier issu de sources responsables
Paper from responsible sources
FSC® C105338

Édition : BoD · Books on Demand, 31 avenue Saint-Rémy, 57600 Forbach, bod@bod.fr
Impression : Libri Plureos GmbH, Friedensallee 273, 22763 Hambourg (Allemagne)

ISBN: 978-2-3228-3651-2
Dépôt légal : Juillet 2026

Avant-propos

Cet ouvrage rassemble cinq cents questions-réponses couvrant l'intégralité du référentiel du titre professionnel de gestionnaire comptable et fiscal, tel qu'il résulte de l'arrêté du 4 juillet 2023 et de la fiche RNCP 37949.

Chaque réponse tient en quatre à cinq lignes : assez pour comprendre et retenir, assez court pour réviser vite. Le format questions-réponses permet une révision active, seul ou à deux, en reprenant chaque chapitre autant de fois que nécessaire jusqu'à la restitution fluide.

L'ouvrage suit l'architecture des trois certificats de compétences professionnelles. La première partie traite du CCP 1, consacré aux arrêtés comptables périodiques et annuels. La deuxième partie couvre le CCP 2, relatif aux déclarations fiscales. La troisième partie aborde le CCP 3, portant sur les états prévisionnels de l'activité. Une partie préliminaire présente le titre lui-même et ses modalités d'évaluation.

Les développements intègrent les évolutions les plus récentes : refonte du compte de résultat par le règlement ANC n° 2022-06 applicable depuis 2025, stabilisation des seuils de franchise en base de TVA par la loi du 4 novembre 2025, et calendrier de la facturation électronique obligatoire à compter du 1er septembre 2026.

La matière évoluant vite, notamment en fiscalité, il reste indispensable de confronter les réponses aux textes en vigueur à la date de l'épreuve. Bonne révision.

Sommaire

PARTIE PRÉLIMINAIRE — LE TITRE PROFESSIONNEL GESTIONNAIRE COMPTABLE ET FISCAL

Le titre professionnel : cadre, blocs et modalités d'examen

1. Quel texte réglementaire régit actuellement le titre professionnel de gestionnaire comptable et fiscal ?

Le titre est régi par l'arrêté du 4 juillet 2023, publié au Journal officiel du 21 juillet 2023 (NOR : MTRD2318056A). Il est enregistré au Répertoire national des certifications professionnelles sous le numéro RNCP 37949. Il succède au titre de comptable gestionnaire issu de l'arrêté du 24 décembre 2003 et à celui de gestionnaire comptable et fiscal de l'arrêté du 1er août 2018.

2. Quel est le niveau de qualification du titre professionnel GCF et par qui est-il délivré ?

Le titre est classé au niveau 5 du cadre national des certifications professionnelles, correspondant à un niveau bac+2. Il est délivré par le ministère chargé de l'emploi, au nom de l'État. Le décret n° 2019-14 du 8 janvier 2019 fixe ce cadre national. Le titre a la même valeur juridique qu'un BTS ou un DUT sur le marché du travail.

3. Quels sont les trois blocs de compétences (CCP) qui composent le titre ?

Le titre comprend trois certificats de compétences professionnelles : CCP 1, établir et présenter les arrêtés comptables périodiques et annuels ; CCP 2, renseigner et contrôler les déclarations fiscales ; CCP 3, établir et présenter des états prévisionnels de l'activité de l'entreprise. Chacun peut être présenté et validé indépendamment des autres.

4. Comment obtient-on le titre professionnel dans son intégralité ?

Le titre s'obtient soit à l'issue d'un parcours de formation complet sanctionné par une session d'examen globale, soit par capitalisation successive des trois CCP. Les conditions sont fixées par l'arrêté du 22 décembre 2015 modifié relatif aux conditions de délivrance des titres professionnels. La validation des acquis de l'expérience constitue une troisième voie d'accès.

5. Quelle est la durée de validité d'un CCP obtenu isolément ?

Un certificat de compétences professionnelles obtenu isolément conserve une validité de cinq ans à compter de sa date d'obtention. Le candidat doit donc valider les trois CCP dans ce délai pour prétendre au titre complet. Passé ce délai, les CCP les plus anciens sont périmés et doivent être repassés devant un jury.

6. En quoi consiste l'épreuve de synthèse de la session d'examen ?

La session comprend une mise en situation professionnelle ou une présentation d'un projet réalisé en amont, complétée par un entretien technique et un entretien final avec le jury. Le dossier professionnel du candidat, retraçant ses pratiques, est mis à disposition du jury. Le questionnaire professionnel peut également être utilisé selon le référentiel d'évaluation.

7. Qu'est-ce que le dossier professionnel (DP) et quel est son rôle ?

Le dossier professionnel est un document rédigé par le candidat décrivant des exemples concrets de pratique professionnelle pour chaque activité type du référentiel. Il n'est pas noté en tant que tel mais sert de support à l'entretien technique et à l'entretien final. Il doit être remis complet et signé avant la session d'examen, sous peine de non-recevabilité.

8. Dans quels environnements professionnels le gestionnaire comptable et fiscal exerce-t-il ?

Il exerce en entreprise, souvent comme comptable unique ou comptable général au sein d'un service comptable, et en cabinet d'expertise comptable comme collaborateur chargé de la tenue ou de la révision de dossiers clients. Les secteurs concernés sont le secteur marchand, les services et, plus rarement, le secteur non marchand associatif.

9. Un titulaire du titre peut-il exercer la comptabilité à titre indépendant ?

Non. L'article 20, alinéa 2, de l'ordonnance n° 45-2138 du 19 septembre 1945 interdit la tenue de comptabilité à titre de profession indépendante par une personne non inscrite à l'ordre des experts-comptables, sous peine de poursuites pénales pour exercice illégal. Le gestionnaire comptable et fiscal exerce donc exclusivement dans le cadre du salariat.

10. Quelles évolutions réglementaires structurent aujourd'hui le métier de gestionnaire comptable et fiscal ?

Trois évolutions dominent : la généralisation de la facturation électronique et de l'e-reporting à compter du 1er septembre 2026, le préremplissage partiel des déclarations de TVA intracommunautaires depuis 2022, et l'automatisation croissante de la saisie par intelligence artificielle. Elles déplacent le métier vers le contrôle, l'analyse et le conseil plutôt que vers la saisie.

PREMIÈRE PARTIE — CCP 1 : ÉTABLIR ET PRÉSENTER LES ARRÊTÉS COMPTABLES PÉRIODIQUES ET ANNUELS

Chapitre 1 — Cadre normatif, organisation et principes comptables

11. Quel est le texte de référence de la comptabilité française applicable aux entreprises commerciales ?

Le plan comptable général est aujourd'hui codifié dans le règlement ANC n° 2014-03 de l'Autorité des normes comptables, régulièrement modifié. Il est complété par les articles L. 123-12 à L. 123-28 et R. 123-172 et suivants du code de commerce. Le règlement ANC n° 2022-06, applicable depuis le 1er janvier 2025, a profondément refondu le compte de résultat et l'annexe.

12. Quelle est la principale nouveauté introduite par le règlement ANC n° 2022-06 ?

Ce règlement, applicable aux exercices ouverts à compter du 1er janvier 2025, supprime la notion de résultat exceptionnel et les comptes 67 et 77 dans leur ancienne acception. Les produits et charges autrefois exceptionnels sont reclassés en exploitation ou en financier selon leur nature. Il modernise également le contenu et la présentation de l'annexe.

13. Qu'est-ce que l'Autorité des normes comptables et quel est son rôle ?

L'ANC, créée par l'ordonnance n° 2009-79 du 22 janvier 2009, est l'organisme public chargé d'édicter les normes comptables françaises. Elle publie des règlements homologués par arrêté ministériel, ainsi que des recommandations et des avis. Elle représente également la France dans les instances internationales de normalisation comptable.

14. Quels sont les principes comptables fondamentaux du plan comptable général ?

On retient principalement la continuité d'exploitation, l'indépendance des exercices, la permanence des méthodes, le coût historique, la prudence, la non-compensation, l'importance relative et l'intangibilité du bilan d'ouverture. Ces principes garantissent que les comptes annuels donnent une image fidèle du patrimoine, de la situation financière et du résultat de l'entreprise.

15. Que signifie le principe de continuité d'exploitation ?

L'entreprise est présumée poursuivre ses activités dans un avenir prévisible, généralement au moins douze mois après la clôture. Les actifs sont donc évalués en valeur d'utilité et non en valeur liquidative. Si la continuité est compromise, les comptes doivent être établis en valeurs liquidatives et une information circonstanciée figurer en annexe.

16. En quoi consiste le principe d'indépendance des exercices ?

Chaque exercice doit supporter les charges et enregistrer les produits qui lui sont économiquement rattachables, indépendamment de la date de paiement ou d'encaissement. Ce principe justifie les écritures de régularisation d'inventaire : charges et produits constatés d'avance, charges à payer, produits à recevoir. Il découle de l'article L. 123-21 du code de commerce.

17. Qu'implique le principe de prudence en comptabilité ?

Le principe de prudence conduit à ne pas transférer sur les exercices futurs des incertitudes présentes susceptibles de grever le patrimoine. Les charges probables sont provisionnées dès qu'elles sont connues, tandis que les produits ne sont comptabilisés qu'une fois certains et réalisés. Il crée une asymétrie assumée entre traitement des pertes et des gains latents.

18. Que signifie le principe de permanence des méthodes et quelles sont ses exceptions ?

Les méthodes d'évaluation et de présentation doivent rester identiques d'un exercice à l'autre pour assurer la comparabilité. Un changement n'est admis qu'en cas de modification exceptionnelle de la situation de l'entreprise ou pour obtenir une meilleure information. Tout changement doit être justifié, chiffré et décrit dans l'annexe des comptes annuels.

19. Qu'est-ce que le principe de non-compensation ?

Aucune compensation ne peut être opérée entre les postes d'actif et de passif du bilan, ni entre les postes de charges et de produits du compte de résultat. Chaque élément doit apparaître pour son montant brut. Cette règle, posée par l'article L. 123-19 du code de commerce, garantit la lisibilité et l'exhaustivité de l'information financière.

20. Qu'appelle-t-on image fidèle et comment s'articule-t-elle avec les règles comptables ?

L'image fidèle est l'objectif supérieur assigné aux comptes annuels par l'article L. 123-14 du code de commerce. Lorsque l'application d'une règle comptable ne suffit pas à donner cette image, des informations complémentaires doivent figurer en annexe. Dans les cas exceptionnels où une règle s'y oppose, il faut y déroger et justifier la dérogation en annexe.

21. Quelles sont les obligations comptables minimales de tout commerçant ?

Tout commerçant doit enregistrer chronologiquement les mouvements affectant son patrimoine, procéder au moins une fois tous les douze mois à un inventaire, et établir des comptes annuels comprenant bilan, compte de résultat et annexe. Ces obligations résultent des articles L. 123-12 et L. 123-13 du code de commerce et s'imposent quelle que soit la forme juridique.

22. Quels sont les livres comptables obligatoires et leur durée de conservation ?

Le livre-journal et le grand livre sont obligatoires ; le livre d'inventaire n'est plus obligatoire depuis 2016. Ils doivent être tenus sans blanc ni altération. Les livres et pièces justificatives se conservent dix ans à compter de la clôture de l'exercice, conformément à l'article L. 123-22 du code de commerce.

23. Quelles sont les caractéristiques d'une pièce justificative comptable valable ?

Elle doit être datée, chiffrée, désigner clairement les parties et l'opération, et permettre d'identifier la nature et le montant du flux. Elle doit être conservée dans son format d'origine ou sous forme numérisée conforme à l'arrêté du 22 mars 2017. Toute écriture comptable doit être appuyée d'une pièce justificative, sans exception.

24. Qu'est-ce que le fichier des écritures comptables (FEC) ?

Le FEC est un fichier normalisé prévu à l'article L. 47 A-I du livre des procédures fiscales, que toute entreprise tenant sa comptabilité de façon informatisée doit remettre en cas de vérification. Son format et ses dix-huit champs obligatoires sont fixés par l'arrêté du 29 juillet 2013. Son absence ou sa non-conformité expose à une amende de 5 000 euros.

25. Quelles sont les conditions de validité d'une comptabilité informatisée ?

Elle doit être régulière, sincère, exhaustive, intangible et permettre la reconstitution du chemin de révision. Le logiciel doit interdire toute modification ou suppression d'écriture validée. Depuis 2018, les logiciels de caisse et de facturation doivent être certifiés ou faire l'objet d'une attestation de l'éditeur, sous peine d'une amende de 7 500 euros.

26. Qu'appelle-t-on chemin de révision ou piste d'audit ?

C'est la possibilité de reconstituer, dans les deux sens, le cheminement d'une opération depuis la pièce justificative jusqu'au solde des comptes annuels. Chaque écriture doit être reliée à sa pièce d'origine par une référence, et chaque solde doit être justifiable par le détail des opérations qui le composent. C'est une exigence fiscale et comptable fondamentale.

27. Comment s'organise la codification des comptes dans le plan comptable général ?

Le plan comptable est décimal et comporte huit classes : classes 1 à 5 pour les comptes de bilan, classes 6 et 7 pour les comptes de gestion, classe 8 pour les comptes spéciaux. Le premier chiffre indique la classe, les suivants affinent la nature. L'entreprise peut créer des subdivisions à condition de respecter la logique du cadre.

28. Que recouvrent respectivement les classes 1 à 5 du plan comptable ?

La classe 1 regroupe les comptes de capitaux, la classe 2 les immobilisations, la classe 3 les stocks et en-cours, la classe 4 les comptes de tiers et la classe 5 les comptes financiers. Ces cinq classes constituent le bilan. Les comptes d'actif fonctionnent au débit, les comptes de passif au crédit.

29. Quelle est la différence entre système de base, système abrégé et système développé ?

Le système de base est la présentation de droit commun des comptes annuels. Le système abrégé, plus synthétique, est réservé aux entreprises ne dépassant pas certains seuils. Le système développé, facultatif, offre une information plus détaillée à des fins de gestion interne. Le choix relève de l'entreprise dans le respect des seuils réglementaires.

30. Quels sont les seuils définissant les micro-entreprises au sens comptable ?

Depuis le décret n° 2024-152 du 28 février 2024, une micro-entreprise comptable ne dépasse pas deux des trois seuils suivants : 450 000 euros de total de bilan, 900 000 euros de chiffre d'affaires net et 10 salariés. Elle peut alors présenter un bilan et un compte de résultat simplifiés et être dispensée d'annexe.

31. Quels sont les seuils définissant les petites entreprises au sens comptable ?

Une petite entreprise ne dépasse pas deux des trois seuils suivants : 7,5 millions d'euros de total de bilan, 15 millions d'euros de chiffre d'affaires net et 50 salariés. Ces montants, relevés par le décret n° 2024-152 du 28 février 2024, permettent de présenter des comptes annuels simplifiés et une annexe abrégée.

32. Qu'est-ce que la comptabilité d'engagement et en quoi diffère-t-elle de la comptabilité de trésorerie ?

La comptabilité d'engagement enregistre les créances et les dettes dès leur naissance juridique, indépendamment des flux monétaires. La comptabilité de trésorerie n'enregistre que les encaissements et décaissements. Les entreprises commerciales relèvent de la comptabilité d'engagement ; seuls certains titulaires de bénéfices non commerciaux peuvent opter pour la comptabilité de trésorerie.

33. Quelle est la différence entre charge et immobilisation ?

Une charge est consommée au cours de l'exercice, tandis qu'une immobilisation est destinée à servir de façon durable à l'activité, au-delà d'un exercice. Le critère est la durée d'utilisation attendue et non le montant. Par tolérance fiscale, le petit matériel et le mobilier d'une valeur unitaire n'excédant pas 500 euros hors taxes peuvent être passés en charges.

34. Quels sont les critères de comptabilisation d'un actif selon le PCG ?

Un actif est comptabilisé s'il est identifiable, s'il est porteur d'avantages économiques futurs pour l'entité, si l'entité en a le contrôle et si son coût ou sa valeur peut être évalué avec une fiabilité suffisante. Ces quatre critères cumulatifs sont posés par l'article 211-1 du règlement ANC n° 2014-03.

35. Qu'est-ce qu'un passif au sens du plan comptable général ?

Un passif est un élément du patrimoine ayant une valeur économique négative, c'est-à-dire une obligation de l'entité à l'égard d'un tiers dont il est probable ou certain qu'elle provoquera une sortie de ressources sans contrepartie au moins équivalente. Il regroupe les dettes certaines, les provisions pour risques et charges et les passifs éventuels informés en annexe.

36. Comment se définissent produits et charges dans le compte de résultat ?

Les charges sont les emplois définitifs correspondant à une diminution d'actif ou une augmentation de passif non compensée. Les produits sont les ressources correspondant à un enrichissement. Depuis le règlement ANC n° 2022-06, ils se répartissent entre exploitation et financier, la catégorie exceptionnelle ayant été supprimée pour les exercices ouverts depuis 2025.

37. Qu'est-ce que le journal centralisateur et comment fonctionne la centralisation ?

La centralisation consiste à reporter périodiquement, au moins une fois par mois, les totaux des journaux auxiliaires dans le livre-journal général. Le journal centralisateur récapitule ces totaux et garantit l'égalité entre débits et crédits. Cette organisation permet de spécialiser les journaux auxiliaires par nature d'opération tout en conservant l'unicité du livre-journal.

38. Quels journaux auxiliaires trouve-t-on habituellement dans une organisation comptable ?

On rencontre couramment le journal des achats, le journal des ventes, les journaux de banque et de caisse, le journal des opérations diverses et le journal des à-nouveaux. Cette spécialisation répond à un souci d'efficacité et de contrôle. Chaque journal doit être totalisé et rapproché du grand livre à intervalles réguliers.

39. Qu'est-ce que la balance générale et à quoi sert-elle ?

La balance générale récapitule, pour chaque compte, le total des débits, le total des crédits et le solde. Elle vérifie l'égalité entre la somme des débits et la somme des crédits, garantissant le respect de la partie double. Elle constitue le point de départ obligatoire des travaux d'inventaire et de l'établissement des comptes annuels.

40. Quelles anomalies une balance équilibrée ne permet-elle pas de détecter ?

Une balance équilibrée ne révèle ni les omissions totales d'écriture, ni les erreurs d'imputation entre deux comptes de même sens, ni les inversions de sens compensées, ni les doubles enregistrements symétriques. Le contrôle arithmétique doit donc être complété par des contrôles de cohérence, des lettrages et des rapprochements avec des sources externes.

41. Qu'est-ce que le lettrage et quelle est son utilité ?

Le lettrage consiste à rapprocher, dans un compte de tiers, les écritures de débit et de crédit qui se compensent, en leur affectant une même lettre. Il permet d'isoler les opérations non soldées et donc de justifier le solde du compte. C'est un préalable indispensable à l'analyse des balances âgées clients et fournisseurs.

42. Qu'appelle-t-on comptabilité auxiliaire et quel lien entretient-elle avec la comptabilité générale ?

La comptabilité auxiliaire détaille par tiers les comptes collectifs de la comptabilité générale, notamment les comptes 401 fournisseurs et 411 clients. Chaque compte individuel est rattaché à un compte collectif dont le solde doit correspondre exactement à la somme des soldes individuels. Ce rapprochement constitue un contrôle de cohérence essentiel.

43. Quelle est la définition d'un exercice comptable et peut-il différer de l'année civile ?

L'exercice comptable dure douze mois. Il coïncide généralement avec l'année civile mais peut être décalé pour tenir compte de la saisonnalité de l'activité. Le premier exercice d'une entreprise nouvelle peut être plus long ou plus court, dans la limite de vingt-quatre mois pour les sociétés soumises à l'impôt sur les sociétés.

44. Quelle est la conséquence fiscale d'un exercice ne coïncidant pas avec l'année civile ?

L'entreprise dépose sa liasse fiscale dans les trois mois de la clôture. Pour les exercices clos au 31 décembre, un délai supplémentaire porte l'échéance au deuxième jour ouvré suivant le 1er mai, prolongé de quinze jours pour les télédéclarations. Aucun autre décalage n'est admis, sauf cas particuliers prévus par la loi.

45. Qu'est-ce que le principe d'intangibilité du bilan d'ouverture ?

Le bilan d'ouverture d'un exercice doit correspondre exactement au bilan de clôture de l'exercice précédent. Aucune correction rétroactive directe n'est admise sur les capitaux propres, sauf exceptions prévues par la doctrine, notamment la correction d'erreur. Ce principe assure la continuité de la chaîne comptable et la traçabilité des résultats successifs.

46. Comment traite-t-on comptablement une erreur significative découverte sur un exercice antérieur ?

La correction d'erreur s'impute sur le résultat de l'exercice au cours duquel elle est constatée, dans le compte de charge ou de produit concerné. Elle ne peut être imputée directement sur les capitaux propres que dans les cas très limités admis par le PCG. L'annexe doit mentionner la nature et l'impact chiffré de la correction.

47. Quelle différence existe-t-il entre changement de méthode et changement d'estimation ?

Un changement de méthode comptable modifie la règle d'évaluation ou de présentation et s'impute en principe rétrospectivement sur le report à nouveau. Un changement d'estimation, comme la révision d'une durée d'amortissement, s'applique de manière prospective sur l'exercice en cours et les suivants. Les deux doivent être justifiés et documentés en annexe.

48. Quelles sont les missions de contrôle interne relevant du gestionnaire comptable et fiscal ?

Il participe à la définition et à l'application des procédures garantissant la fiabilité de l'information comptable : séparation des tâches, contrôles de cohérence, validation des habilitations, rapprochements périodiques. Il veille à la protection des actifs et à la conformité réglementaire. Ce contrôle interne conditionne la qualité de l'arrêté des comptes.

49. Qu'est-ce que la séparation des fonctions et pourquoi est-elle essentielle ?

La séparation des fonctions consiste à confier à des personnes différentes l'engagement d'une dépense, son enregistrement comptable, son paiement et le contrôle de l'ensemble. Elle réduit fortement le risque de fraude et d'erreur non détectée. Dans les petites structures, elle est complétée par des contrôles compensatoires exercés par le dirigeant.

50. Quelles sont les obligations en matière de veille professionnelle pour un gestionnaire comptable et fiscal ?

Il doit assurer une veille comptable, fiscale et sociale permanente afin d'appliquer la réglementation en vigueur au moment des travaux. Les sources de référence sont le Bulletin officiel des finances publiques, les règlements de l'ANC, le Journal officiel, la doctrine de l'ordre des experts-comptables et les publications spécialisées. Cette veille engage sa responsabilité professionnelle.

51. Quelle est la portée du secret professionnel pour un collaborateur de cabinet comptable ?

Le collaborateur est tenu au secret professionnel dans les conditions de l'article 226-13 du code pénal, par extension du secret imposé à l'expert-comptable par l'ordonnance de 1945. Il ne peut divulguer aucune information relative aux dossiers clients. La violation expose à des sanctions pénales et à la rupture du contrat de travail pour faute grave.

Chapitre 2 — Opérations courantes et contrôle des comptes de tiers

52. Comment comptabilise-t-on une facture d'achat de marchandises soumise à TVA ?

On débite le compte 607 achats de marchandises pour le montant hors taxes et le compte 44566 TVA déductible sur autres biens et services, ou 4456 selon la nature, pour la taxe. On crédite le compte 401 fournisseurs pour le montant toutes taxes comprises. Les frais accessoires d'achat suivent le même traitement que le bien acquis.

53. Quel traitement comptable appliquer aux réductions commerciales figurant sur la facture ?

Les rabais, remises et ristournes déduits directement sur la facture ne sont pas comptabilisés séparément : seul le net commercial est enregistré. En revanche, les réductions accordées ultérieurement par avoir sont enregistrées au compte 609 pour les achats ou 709 pour les ventes. Cette distinction conditionne la lecture des marges.

54. Comment enregistre-t-on un escompte de règlement obtenu d'un fournisseur ?

L'escompte de règlement est une réduction financière constatée au crédit du compte 765 escomptes obtenus, quelle que soit sa mention sur la facture initiale ou sur un avoir. Symétriquement, l'escompte accordé à un client se comptabilise au débit du compte 665. La TVA doit être calculée sur le net financier après escompte.

55. Quelle est la comptabilisation des frais de port facturés par un fournisseur ?

Le port forfaitaire facturé par le fournisseur constitue un élément du prix d'achat et s'enregistre dans le compte de la classe 60 concerné ou en 6241 selon la politique de l'entreprise. Le port déboursé, avancé pour le compte du client, transite par un compte de tiers. La TVA suit le régime du bien principal transporté.

56. Comment traite-t-on comptablement les emballages consignés

La consignation ne constitue pas une vente : elle s'enregistre au crédit du compte 4196 clients, dettes sur emballages consignés, sans TVA. Lors de la restitution, le compte est soldé. En cas de non-restitution, la consignation se transforme en vente taxable enregistrée au compte 7088 avec TVA collectée sur le prix de cession.

57. Quel est le schéma d'écriture d'une vente de prestations de services ?

On débite le compte 411 clients pour le montant toutes taxes comprises, on crédite le compte 706 prestations de services pour le montant hors taxes et le compte 44571 TVA collectée. Attention, la TVA sur prestations est en principe exigible à l'encaissement, ce qui impose l'usage transitoire du compte 44587 TVA sur factures à établir ou 4458.

58. Comment enregistre-t-on un acompte reçu d'un client ?

L'acompte est crédité au compte 4191 clients, avances et acomptes reçus sur commandes, en contrepartie du compte de trésorerie. Pour les livraisons de biens, la TVA est exigible dès l'encaissement de l'acompte depuis le 1er janvier 2023, en application de la directive TVA. La régularisation intervient lors de la facturation définitive.

59. Quelle écriture constate un acompte versé à un fournisseur d'immobilisation ?

L'acompte est débité au compte 238 avances et acomptes versés sur commandes d'immobilisations corporelles, en contrepartie de la banque. La TVA correspondante est déductible dès le versement pour les livraisons de biens. Lors de la réception de la facture définitive, le compte 238 est soldé par imputation sur le compte d'immobilisation concerné.

60. Comment comptabilise-t-on les effets de commerce à recevoir ?

Lors de l'acceptation de la lettre de change, on débite le compte 413 clients, effets à recevoir, par le crédit du compte 411 clients. À l'échéance, l'encaissement solde le compte 413 par la banque, les frais et commissions étant portés en 627 services bancaires et la TVA correspondante en 44566.

61. Quel traitement comptable applique-t-on à l'escompte d'un effet de commerce ?

La remise à l'escompte donne lieu au débit du compte 5114 effets à l'escompte, puis, à réception de l'avis de crédit, au débit de la banque pour le net, du compte 661 pour les intérêts, du compte 627 pour les commissions et du compte 44566 pour la TVA sur commissions, par le crédit du compte 5114.

62. Comment enregistre-t-on la paie du personnel dans ses grandes masses ?

On débite le compte 641 rémunérations du personnel pour le salaire brut, on crédite le compte 421 pour le net à payer, le compte 431 pour la part salariale de sécurité sociale, les comptes 437 pour les autres organismes et le compte 4421 pour le prélèvement à la source. Les charges patronales sont ensuite débitées au compte 645.

63. Quel est le traitement comptable du prélèvement à la source de l'impôt sur le revenu ?

L'employeur retient le montant sur le salaire net et le crédite au compte 4421 personnel, impôt sur le revenu prélevé à la source. Le reversement à la direction générale des finances publiques, généralement le mois suivant, solde ce compte par la banque. Ce dispositif est neutre pour le résultat de l'entreprise.

64. Comment comptabilise-t-on les indemnités journalières de sécurité sociale perçues par l'employeur ?

En cas de subrogation, l'employeur maintient le salaire et perçoit les indemnités journalières. Il débite la banque et crédite le compte 791 transferts de charges d'exploitation, ou un compte 641 en atténuation selon la méthode retenue. La cohérence de traitement doit être maintenue d'un exercice à l'autre au titre de la permanence des méthodes.

65. Qu'est-ce que le rapprochement bancaire et pourquoi est-il indispensable ?

C'est le contrôle qui explique l'écart entre le solde du compte 512 en comptabilité et le solde du relevé bancaire. Il identifie les opérations enregistrées par la banque et non par l'entreprise, et inversement. Il révèle les erreurs, les oublis et les fraudes éventuelles, et doit être réalisé au minimum mensuellement et systématiquement à la clôture.

66. Quelles écritures découlent d'un état de rapprochement bancaire ?

Seules les opérations figurant sur le relevé et absentes de la comptabilité donnent lieu à écriture : frais bancaires en 627 avec TVA en 44566, agios en 661, virements reçus non enregistrés, prélèvements automatiques, effets impayés. Les chèques émis non encore débités et les remises en cours ne génèrent aucune écriture.

67. Comment justifie-t-on le solde d'un compte fournisseur en fin d'exercice ?

On établit un détail des factures non réglées composant le solde, on procède au lettrage et on compare avec le relevé du fournisseur ou une demande de confirmation directe. On vérifie l'absence de soldes débiteurs anormaux, qui traduisent souvent des avoirs à recevoir ou des doubles règlements. Toute anomalie doit être régularisée avant l'arrêté.

68. Que faire lorsqu'un compte fournisseur présente un solde débiteur à la clôture ?

Un solde débiteur signale un avoir à recevoir, un acompte versé ou une double comptabilisation. Après analyse, il doit être reclassé au bilan à l'actif, au poste avances et acomptes versés sur commandes ou créances diverses selon sa nature. Le principe de non-compensation interdit de le laisser en diminution des dettes fournisseurs.

69. Qu'est-ce qu'une balance âgée clients et comment l'exploiter ?

La balance âgée classe les créances clients par ancienneté d'échéance. Elle permet d'identifier les retards de règlement, d'orienter les relances et de justifier les dépréciations pour créances douteuses. Elle sert également au calcul du délai moyen de règlement des clients et alimente l'analyse du besoin en fonds de roulement.

70. Comment comptabilise-t-on le transfert d'une créance en créance douteuse ?

On débite le compte 416 clients douteux ou litigieux par le crédit du compte 411 clients pour le montant toutes taxes comprises. Cette écriture ne préjuge pas de la perte : elle isole la créance. La dépréciation est ensuite calculée sur le montant hors taxes de la créance et enregistrée au compte 491.

71. Quelle est la différence entre créance douteuse et créance irrécouvrable ?

La créance douteuse présente un risque de non-recouvrement mais n'est pas définitivement perdue : elle justifie une dépréciation. La créance irrécouvrable est définitivement perdue, ce qui entraîne une perte enregistrée au compte 654 et, sous conditions, la récupération de la TVA collectée initialement acquittée.

72. À quelles conditions la TVA sur une créance impayée peut-elle être récupérée ?

La récupération suppose que la créance soit définitivement irrécouvrable, ce qui est établi par un procès-verbal de carence, la clôture d'une liquidation judiciaire pour insuffisance d'actif, ou un abandon de créance justifié. Le redevable doit adresser au client un duplicata de facture portant la mention réglementaire relative à la TVA non déductible.

73. Comment comptabilise-t-on une perte sur créance irrécouvrable avec récupération de TVA ?

On débite le compte 654 pertes sur créances irrécouvrables pour le montant hors taxes, le compte 44571 TVA collectée pour la taxe récupérée, par le crédit du compte 416 clients douteux pour le montant toutes taxes comprises. La dépréciation antérieurement constituée est simultanément reprise au compte 7817.

74. Quel est le rôle du compte 471 et quelles précautions imposent son usage ?

Le compte 471 comptes d'attente reçoit provisoirement les opérations dont l'imputation définitive est incertaine. Son usage doit rester exceptionnel et temporaire. Il doit impérativement être soldé avant l'établissement des comptes annuels : un solde subsistant à la clôture constitue une irrégularité susceptible d'être relevée en contrôle fiscal ou par le commissaire aux comptes.

75. Comment traite-t-on les charges de personnel liées aux congés payés à la clôture ?

L'entreprise doit provisionner les droits acquis et non pris à la clôture. On débite le compte 6412 congés payés et le compte 645 pour les charges sociales correspondantes, par le crédit des comptes 4282 dettes provisionnées pour congés à payer et 4382. Cette charge est déductible fiscalement pour les entreprises relevant du régime de droit commun.

76. Quel traitement comptable appliquer aux primes et gratifications à verser ?

Lorsque l'entreprise est engagée envers ses salariés, la prime constitue une dette provisionnée à la clôture. On débite le compte 6414 et le compte 645 pour les charges sociales, par le crédit des comptes 4286 et 4386. La déductibilité fiscale suppose que l'engagement soit certain dans son principe à la date de clôture.

77. Comment comptabilise-t-on la participation des salariés aux résultats ?

La participation est une charge de l'exercice au titre duquel elle est calculée. On débite le compte 691 participation des salariés aux résultats par le crédit du compte 4284 dettes provisionnées pour participation. Elle est déductible fiscalement au titre de l'exercice de sa mise en distribution, ce qui génère un décalage à retraiter.

78. Quelle écriture constate les taxes assises sur les salaires ?

La taxe d'apprentissage, la participation à la formation professionnelle continue et l'effort construction sont débités au compte 6333 ou 6334, par le crédit du compte 4386 organismes sociaux, charges à payer. Depuis 2022, la part principale de la taxe d'apprentissage est recouvrée par l'URSSAF via la déclaration sociale nominative.

79. Comment enregistre-t-on la contribution économique territoriale ?

La cotisation foncière des entreprises et la cotisation sur la valeur ajoutée des entreprises se comptabilisent au débit du compte 63511 pour la première et 63512 ou 635 pour la seconde. Elles constituent des charges d'exploitation déductibles. La CVAE fait l'objet d'une suppression progressive prévue par les lois de finances successives.

80. Quel est le traitement comptable d'une subvention d'exploitation reçue ?

La subvention d'exploitation, destinée à compenser une insuffisance de recettes ou à faire face à des charges d'exploitation, est créditée au compte 74. Elle constitue un produit imposable de l'exercice de son acquisition. Elle se distingue de la subvention d'investissement, comptabilisée en capitaux propres au compte 131.

81. Comment traite-t-on les avoirs à établir sur ventes en fin d'exercice ?

Lorsque le principe d'un avoir est acquis à la clôture mais que le document n'est pas émis, on débite le compte 709 rabais, remises et ristournes accordés et le compte 4458 TVA à régulariser, par le crédit du compte 4198 clients, rabais, remises et ristournes à accorder. L'écriture est contrepassée à l'ouverture suivante.

82. Quelle est la comptabilisation des factures non parvenues à la clôture ?

Pour une livraison reçue sans facture, on débite le compte de charge concerné pour le montant hors taxes estimé et le compte 44586 TVA sur factures non parvenues, par le crédit du compte 408 fournisseurs, factures non parvenues. Cette écriture respecte le principe d'indépendance des exercices et est contrepassée à l'ouverture.

83. Comment enregistre-t-on les produits à recevoir sur ventes ?

Pour une livraison effectuée sans facture émise à la clôture, on débite le compte 418 clients, produits non encore facturés, et on crédite le compte de produit concerné ainsi que le compte 4587 TVA sur factures à établir. Le rattachement des produits suit la date de livraison des biens ou d'achèvement des prestations.

84. Quels contrôles opérer sur les comptes de TVA en fin d'exercice

Il faut vérifier que les comptes 44566 et 44571 sont soldés après la déclaration du dernier mois ou trimestre, que le compte 44551 correspond exactement à la TVA due déclarée, et rapprocher la TVA collectée du chiffre d'affaires comptabilisé par taux. Tout écart significatif doit être expliqué et documenté par écrit.

85. Comment réalise-t-on le contrôle de cohérence entre chiffre d'affaires et TVA collectée ?

On multiplie le chiffre d'affaires taxable de chaque taux par le taux correspondant et on compare le résultat à la TVA collectée comptabilisée et déclarée. Les écarts s'expliquent par les opérations exonérées, les autoliquidations, les décalages d'exigibilité sur prestations de services et les avoirs. Ce contrôle est systématiquement demandé par l'administration.

86. Quelles vérifications effectuer sur les comptes de caisse à la clôture ?

Le solde du compte 53 doit être positif, une caisse créditrice étant matériellement impossible et constitutive d'une présomption de recettes dissimulées. Il doit correspondre exactement au procès-verbal d'inventaire physique des espèces établi à la date de clôture. Les mouvements importants ou anormaux doivent être justifiés par des pièces probantes.

Chapitre 3 — Immobilisations, amortissements et dépréciations

87. Comment détermine-t-on le coût d'entrée d'une immobilisation acquise à titre onéreux ?

Le coût d'acquisition comprend le prix d'achat net des remises et escomptes, majoré des droits de douane, des taxes non récupérables et de tous les frais directement attribuables engagés pour mettre le bien en état d'utilisation. Les droits de mutation, honoraires et commissions peuvent, sur option globale et permanente, être incorporés au coût ou passés en charges.

88. Quels frais peut-on incorporer au coût de production d'une immobilisation produite par l'entreprise ?

Le coût de production comprend le coût des matières consommées, les charges directes de production et les charges indirectes de production pouvant être raisonnablement rattachées. Les coûts d'emprunt peuvent être incorporés sur option pour les actifs exigeant une longue période de préparation. Les frais administratifs généraux sont exclus.

89. Comment comptabilise-t-on une immobilisation produite par l'entreprise pour elle-même ?

Les charges sont d'abord enregistrées par nature dans les comptes de la classe 6. À l'achèvement, on débite le compte d'immobilisation concerné par le crédit du compte 72 production immobilisée. Cette opération constitue une livraison à soi-même susceptible d'entraîner une régularisation de TVA lorsque le droit à déduction n'est pas intégral.

90. Qu'est-ce que l'approche par composants et quand s'applique-t-elle ?

Lorsque des éléments d'un actif ont des durées d'utilisation différentes ou procurent des avantages selon un rythme différent, ils doivent être comptabilisés et amortis séparément. Cette approche, obligatoire depuis 2005, concerne notamment les immeubles décomposés en structure, toiture, façade, installations techniques et agencements. Elle interdit en principe les provisions pour gros entretien sur ces éléments.

91. Quelle différence entre composant de première catégorie et dépenses de gros entretien ?

Les composants de première catégorie sont des éléments principaux remplacés à intervalles réguliers, amortis sur leur propre durée. Les dépenses de gros entretien, ou composants de seconde catégorie, correspondent à des programmes pluriannuels de révision : l'entreprise choisit entre l'approche par composants et la provision pour gros entretien, ce choix devant être permanent.

92. Quelle est la définition comptable de l'amortissement ?

L'amortissement est la répartition systématique du montant amortissable d'un actif sur sa durée d'utilisation. Il traduit la consommation des avantages économiques attendus. Le montant amortissable est la valeur brute diminuée de la valeur résiduelle lorsque celle-ci est significative et mesurable. Il constitue une charge calculée non décaissée.

93. Quelle est la différence entre durée d'utilisation et durée d'usage ?

La durée d'utilisation est la durée réelle pendant laquelle l'entreprise attend des avantages économiques du bien : elle fonde l'amortissement comptable. La durée d'usage correspond aux usages professionnels admis fiscalement. Les petites entreprises au sens comptable peuvent retenir les durées d'usage, ce qui simplifie leurs travaux d'inventaire.

94. Quel est le point de départ de l'amortissement d'une immobilisation ?

L'amortissement comptable commence à la date de mise en service effective du bien, et non à la date d'acquisition. L'amortissement fiscal dégressif court en revanche à compter du premier jour du mois d'acquisition. Ce décalage explique une partie des divergences entre amortissement comptable et amortissement fiscalement admis.

95. Comment calcule-t-on un amortissement linéaire ?

L'annuité linéaire s'obtient en divisant le montant amortissable par la durée d'utilisation, soit en appliquant un taux égal à cent divisé par cette durée. La première annuité est réduite prorata temporis à compter de la mise en service, calculée en jours ou en mois selon la méthode retenue de manière constante.

96. Quelles sont les caractéristiques de l'amortissement dégressif ?

Le dégressif est un dispositif purement fiscal réservé à certains biens neufs d'une durée d'utilisation d'au moins trois ans. Le taux linéaire est multiplié par un coefficient de 1,25 pour trois et quatre ans, 1,75 pour cinq et six ans, 2,25 au-delà. Le calcul bascule en linéaire lorsque l'annuité linéaire sur la durée résiduelle devient supérieure.

97. Comment comptabilise-t-on l'écart entre amortissement comptable et amortissement fiscal ?

L'excédent d'amortissement fiscal sur l'amortissement économique est enregistré en amortissement dérogatoire : on débite le compte 68725 dotations aux provisions réglementées par le crédit du compte 145. Lors de la reprise, le mouvement s'inverse au profit du compte 78725. Ce mécanisme figure au passif dans les capitaux propres.

98. Qu'est-ce qu'un plan d'amortissement et quand doit-il être révisé ?

Le plan d'amortissement est le tableau prévisionnel de répartition du montant amortissable sur la durée d'utilisation. Il est révisé de manière prospective en cas de modification significative de l'utilisation prévue, notamment après une dépréciation ou un changement d'usage. La révision n'a pas d'effet rétroactif sur les exercices clos.

99. Quelle est la définition d'une dépréciation d'actif immobilisé ?

La dépréciation constate la perte de valeur d'un actif dont la valeur actuelle devient inférieure à sa valeur nette comptable. La valeur actuelle est la plus élevée de la valeur vénale et de la valeur d'usage. Elle est réversible, contrairement à l'amortissement, et fait l'objet d'une reprise si les conditions s'améliorent.

100. Comment procède-t-on au test de dépréciation d'une immobilisation ?

À chaque clôture, l'entreprise apprécie s'il existe un indice de perte de valeur, interne ou externe. En présence d'un tel indice, elle compare la valeur nette comptable à la valeur actuelle. Si la valeur actuelle est notablement inférieure, une dépréciation est constatée au compte 6816 par le crédit du compte 29.

101. Quelle incidence une dépréciation a-t-elle sur le plan d'amortissement ?

La dépréciation réduit la base amortissable pour les exercices suivants : le nouveau montant amortissable est la valeur nette comptable après dépréciation, diminuée le cas échéant de la valeur résiduelle. Le plan d'amortissement doit donc être révisé de manière prospective, sans modification des dotations déjà comptabilisées.

102. Le fonds commercial est-il amortissable ?

Le fonds commercial est présumé avoir une durée d'utilisation non limitée et n'est donc pas amorti ; il fait l'objet d'un test de dépréciation annuel. Par exception, les petites entreprises au sens comptable peuvent l'amortir sur dix ans. Sur le plan fiscal, la déduction de cet amortissement, ouverte temporairement, a pris fin pour les fonds acquis après le 31 décembre 2025.

103. Comment traite-t-on comptablement les frais d'établissement

Les frais de constitution, de premier établissement et d'augmentation de capital peuvent être inscrits à l'actif au compte 201 et amortis sur cinq ans au maximum, ou passés directement en charges. La comptabilisation en charges est la méthode préférentielle du plan comptable général. Tant qu'ils ne sont pas apurés, aucune distribution de dividendes n'est possible.

104. Quel est le traitement comptable des frais de recherche et de développement ?

Les frais de recherche fondamentale et appliquée sont obligatoirement comptabilisés en charges. Les frais de développement peuvent être immobilisés au compte 203 si le projet a de sérieuses chances de réussite technique et de rentabilité commerciale, et si les coûts sont individualisés de façon fiable. L'activation constitue la méthode préférentielle.

105. Comment comptabilise-t-on l'acquisition d'un logiciel ?

Un logiciel acquis de façon indissociable du matériel suit le sort de ce matériel. Un logiciel acquis séparément et destiné à un usage durable est immobilisé au compte 205, amorti sur sa durée d'utilisation, en général de trois à cinq ans. Les abonnements en mode SaaS constituent en revanche des charges d'exploitation.

106. Quel est le régime comptable des terrains et des constructions

Les terrains, comptabilisés au compte 211, ne sont pas amortissables car leur durée d'utilisation n'est pas limitée, à l'exception des terrains de gisement. Les constructions du compte 213 sont amortissables et doivent être décomposées en composants. Lors d'une acquisition globale, la ventilation terrain-construction doit être justifiée par des éléments objectifs.

107. Comment enregistre-t-on la cession d'une immobilisation ?

On constate d'abord l'amortissement complémentaire jusqu'à la date de cession. On enregistre ensuite le prix de cession au crédit du compte 775, en contrepartie de la créance ou de la banque, avec TVA collectée le cas échéant. On solde enfin l'immobilisation par le débit du compte 675 et des amortissements cumulés.

108. Depuis le règlement ANC n° 2022-06, où figurent les résultats de cession d'immobilisations ?

Les comptes 675 et 775 subsistent mais sont désormais rattachés au résultat d'exploitation ou au résultat financier selon la nature de l'actif cédé, la catégorie exceptionnelle ayant disparu. Les cessions d'immobilisations d'exploitation relèvent du résultat d'exploitation, les cessions de titres du résultat financier. Cette réforme s'applique aux exercices ouverts depuis le 1er janvier 2025.

109. Quelle régularisation de TVA impose la cession d'un immeuble avant vingt ans ?

La cession d'un immeuble non soumise à la TVA dans les vingt années suivant son acquisition entraîne le reversement d'une fraction de la taxe initialement déduite, égale à autant de vingtièmes qu'il reste d'années à courir. Cette régularisation globale est prévue à l'article 207 de l'annexe II au code général des impôts.

110. Qu'est-ce qu'une mise au rebut et comment se comptabilise-t-elle ?

La mise au rebut constate la sortie d'un bien devenu inutilisable, sans contrepartie financière. On complète l'amortissement jusqu'à la date de sortie, puis on solde la valeur brute par le débit des amortissements cumulés et, pour le solde éventuel, du compte 675. Une régularisation de TVA peut être exigible pour les biens immobiliers.

111. Comment traite-t-on un échange d'immobilisations ?

L'échange s'analyse en une double opération de cession et d'acquisition. Le bien reçu est inscrit à sa valeur vénale, et la sortie du bien cédé génère un résultat de cession. Si la valeur vénale ne peut être déterminée de façon fiable, le bien reçu est inscrit à la valeur comptable du bien cédé.

112. Quelle est la comptabilisation d'un contrat de crédit-bail mobilier ?

En comptes individuels français, le bien n'est pas inscrit à l'actif : les redevances sont enregistrées en charges au compte 6122. Le contrat figure dans l'annexe avec les engagements hors bilan. Lors de la levée d'option, le bien entre à l'actif pour le prix de levée et est amorti sur sa durée d'utilisation résiduelle.

113. Quelles informations relatives au crédit-bail doivent figurer en annexe ?

L'annexe doit indiquer la valeur des biens pris en crédit-bail au moment de la signature, les amortissements qui auraient été pratiqués, les redevances de l'exercice et cumulées, ainsi que l'échéancier des redevances restant à payer et le prix d'achat résiduel. Cette information permet de retraiter les engagements en analyse financière.

114. Comment comptabilise-t-on une subvention d'investissement

La subvention est créditée au compte 131 subventions d'équipement, dans les capitaux propres, en contrepartie de la créance ou de la banque. Elle est reprise au résultat au compte 777 au même rythme que l'amortissement du bien financé, par le débit du compte 139. Ce mécanisme assure la neutralité sur le résultat.

115. Que sont les immobilisations financières et quelles sont leurs principales composantes ?

Elles regroupent les titres de participation du compte 261, les titres immobilisés de l'activité de portefeuille, les autres titres immobilisés, les prêts accordés du compte 274 et les dépôts et cautionnements versés du compte 275. Elles ne sont pas amortissables mais peuvent faire l'objet de dépréciations constatées au compte 296.

116. Comment distingue-t-on titres de participation et valeurs mobilières de placement ?

Les titres de participation traduisent une intention de détention durable permettant d'exercer une influence ou un contrôle ; ils figurent en immobilisations financières. Les valeurs mobilières de placement sont acquises en vue d'un gain à court terme et figurent à l'actif circulant au compte 50. Une détention supérieure à dix pour cent fait présumer la participation.

117. Comment évalue-t-on les titres à la clôture de l'exercice ?

Les titres de participation sont évalués à leur valeur d'utilité, appréciée notamment au regard de la rentabilité, des capitaux propres et des perspectives. Les valeurs mobilières de placement cotées sont évaluées au cours moyen du dernier mois. Une moins-value latente donne lieu à dépréciation, sans compensation avec les plus-values latentes.

118. Quels sont les principaux contrôles du cycle immobilisations lors de la révision ?

Il faut rapprocher le fichier des immobilisations de la balance générale, vérifier l'exhaustivité des entrées et des sorties, contrôler la cohérence des dotations avec les plans d'amortissement, s'assurer de l'existence physique des biens par sondage et vérifier la déductibilité fiscale des amortissements ainsi que l'absence d'amortissements irrégulièrement différés.

119. Qu'est-ce que l'amortissement minimal obligatoire et quelle sanction fiscale y est attachée ?

L'article 39 B du code général des impôts impose que la somme des amortissements pratiqués depuis l'acquisition ne soit jamais inférieure au montant cumulé des amortissements linéaires. À défaut, la fraction irrégulièrement différée est définitivement perdue et ne peut plus être déduite. Ce contrôle est systématique lors des vérifications de comptabilité.

120. Quelles limitations s'appliquent à l'amortissement des véhicules de tourisme ?

L'amortissement est déductible dans la limite d'un plafond fonction des émissions de dioxyde de carbone : 30 000 euros en dessous de 20 grammes, 20 300 euros de 20 à 49 grammes, 18 300 euros de 50 à 160 grammes environ selon l'année, et 9 900 euros au-delà. La fraction excédentaire est réintégrée extra-comptablement chaque année.

121. Quel est le traitement des immobilisations en cours à la clôture ?

Les dépenses engagées sur un bien non achevé sont portées aux comptes 231 ou 232 immobilisations en cours. Elles ne sont pas amortissables tant que le bien n'est pas mis en service. À l'achèvement, le compte est soldé par imputation au compte d'immobilisation définitif et le plan d'amortissement démarre à la mise en service.

Chapitre 4 — Stocks, provisions et régularisations d'inventaire

122. Quelle est la définition comptable d'un stock ?

Un stock est un actif détenu pour être vendu dans le cours normal de l'activité, en cours de production pour une telle vente, ou destiné à être consommé dans le processus de production ou de prestation de services. Il figure à l'actif circulant en classe 3 et doit faire l'objet d'un inventaire physique au moins annuel.

123. Quelle différence existe-t-il entre inventaire permanent et inventaire intermittent ?

L'inventaire permanent suit en continu les entrées et sorties de stock, permettant de connaître à tout moment les quantités et valeurs. L'inventaire intermittent, le plus courant en petites structures, ne constate le stock qu'en fin d'exercice par comptage physique. Dans les deux cas, un inventaire physique annuel est légalement obligatoire.

124. Comment se comptabilise la variation de stock de marchandises en inventaire intermittent ?

On annule le stock initial en débitant le compte 6037 variation des stocks de marchandises par le crédit du compte 37. On constate ensuite le stock final en débitant le compte 37 par le crédit du compte 6037. Le solde du compte de variation corrige les achats pour obtenir le coût d'achat des marchandises vendues.

125. Comment évalue-t-on les stocks à leur entrée dans le patrimoine ?

Les biens achetés sont évalués au coût d'acquisition, comprenant le prix d'achat net de remises majoré des frais accessoires d'achat. Les biens produits sont évalués au coût de production, incluant les charges directes et les charges indirectes de production rationnellement rattachables. Les frais de distribution et administratifs sont toujours exclus.

126. Quelles méthodes de valorisation des sorties de stock le plan comptable autorise-t-il ?

Le PCG autorise le coût unitaire moyen pondéré, calculé après chaque entrée ou en fin de période, ainsi que la méthode du premier entré premier sorti. La méthode du dernier entré premier sorti est interdite en comptabilité française. Le choix doit être cohérent avec la nature des stocks et respecter la permanence des méthodes.

127. Comment détermine-t-on la valeur d'inventaire des stocks à la clôture ?

Les stocks sont évalués au plus faible du coût d'entrée et de la valeur actuelle, celle-ci correspondant à la valeur vénale nette des coûts de sortie. Lorsque la valeur actuelle est inférieure, une dépréciation est constatée au compte 6817 par le crédit des comptes 39. Cette dépréciation est réversible.

128. Quel est le traitement des stocks à rotation lente ou obsolètes

Les articles invendables, périmés ou à rotation très lente doivent faire l'objet d'une dépréciation reflétant leur valeur de réalisation réelle. Une méthode statistique fondée sur l'ancienneté peut être retenue si elle est justifiée et appliquée avec constance. L'administration fiscale admet ces dépréciations lorsqu'elles sont appuyées de justifications précises.

129. Quelles sont les conditions de comptabilisation d'une provision pour risques et charges ?

Il faut une obligation à l'égard d'un tiers à la clôture, qu'il soit probable ou certain qu'elle provoque une sortie de ressources sans contrepartie au moins équivalente, et que le montant puisse être estimé de manière fiable. Ces trois conditions cumulatives figurent à l'article 322-1 du règlement ANC n° 2014-03.

130. Quelle différence entre provision, dépréciation et passif éventuel ?

La provision figure au passif et couvre un risque ou une charge probable. La dépréciation vient en diminution d'un actif dont la valeur a baissé. Le passif éventuel, dont la réalisation n'est pas probable ou dont le montant n'est pas mesurable de façon fiable, n'est pas comptabilisé mais fait l'objet d'une information en annexe.

131. Quelles sont les principales provisions pour risques et charges et leurs comptes ?

On distingue notamment les provisions pour litiges au compte 1511, pour garanties données aux clients au compte 1512, pour pertes sur contrats au compte 1516, pour pensions et obligations similaires au compte 153, pour restructuration au compte 1555 et pour gros entretien au compte 1572. Chacune répond à des conditions spécifiques de comptabilisation.

132. Comment comptabilise-t-on une provision pour litige prud'homal ?

Lorsque l'issue est défavorablement probable, on débite le compte 6815 dotations aux provisions d'exploitation par le crédit du compte 1511 provisions pour litiges, à hauteur du montant estimé incluant les frais de procédure. Fiscalement, la provision est déductible si le litige est né et actuel à la clôture et si le montant est précisément évalué.

133. À quelles conditions une provision est-elle déductible fiscalement ?

La perte ou la charge doit être nettement précisée quant à sa nature et son montant, probable et non simplement éventuelle, résulter d'événements en cours à la clôture, et être elle-même déductible par nature. Elle doit en outre être effectivement comptabilisée et figurer sur le tableau 2056 de la liasse fiscale.

134. Quelles provisions sont expressément exclues de la déduction fiscale ?

Sont notamment non déductibles les provisions pour propre assureur, pour impôts non déductibles, pour amendes et pénalités, pour congés payés dans les entreprises ayant opté pour l'ancien régime, ainsi que les provisions pour indemnités de départ à la retraite. Ces dernières doivent être réintégrées extra-comptablement au tableau 2058-A.

135. Quel est le traitement des engagements de retraite dans les comptes annuels ?

La méthode préférentielle consiste à provisionner les engagements au compte 153, en application de la recommandation ANC n° 2013-02. À défaut, l'entreprise doit mentionner le montant de l'engagement en annexe. La provision constituée n'est pas déductible fiscalement et doit être réintégrée pour la détermination du résultat imposable.

136. Comment se comptabilise une provision pour garantie donnée aux clients ?

L'entreprise estime, sur la base de statistiques d'interventions passées, le coût des garanties restant à courir sur les ventes de l'exercice. Elle débite le compte 6815 par le crédit du compte 1512. Cette provision est déductible fiscalement dès lors que l'évaluation statistique repose sur des données précises et cohérentes.

137. Comment traite-t-on une provision devenue sans objet ?

La provision doit être intégralement reprise au crédit du compte 78 correspondant à sa nature, dès l'exercice au cours duquel elle perd son objet. Le maintien d'une provision devenue sans objet constitue une irrégularité comptable et, fiscalement, un rehaussement automatique du résultat imposable, éventuellement assorti de pénalités.

138. Que sont les provisions réglementées et où figurent-elles au bilan ?

Les provisions réglementées ne correspondent pas à l'objet normal d'une provision mais résultent de dispositions fiscales dérogatoires. Elles figurent au passif dans les capitaux propres, aux comptes 142 à 148. On y trouve notamment les amortissements dérogatoires, les provisions pour hausse des prix et les provisions pour investissement.

139. Qu'est-ce qu'une charge constatée d'avance et comment la comptabilise-t-on ?

C'est une charge enregistrée sur l'exercice mais correspondant à une prestation ou une fourniture rattachable à l'exercice suivant, comme un loyer ou une prime d'assurance payés d'avance. On débite le compte 486 charges constatées d'avance par le crédit du compte de charge concerné, pour le montant hors taxes prorata temporis.

140. Qu'est-ce qu'un produit constaté d'avance ?

C'est un produit facturé et comptabilisé sur l'exercice mais correspondant à une livraison ou une prestation à réaliser sur l'exercice suivant. On débite le compte de produit concerné par le crédit du compte 487, pour le montant hors taxes. L'écriture est contrepassée à l'ouverture de l'exercice suivant.

141. Que sont les charges à répartir sur plusieurs exercices ?

Il s'agissait de charges différées inscrites au compte 481 et amorties sur plusieurs exercices. Le plan comptable général a fortement restreint cette possibilité : seuls subsistent les frais d'émission d'emprunt, que l'entreprise peut choisir d'étaler sur la durée de l'emprunt ou de passer immédiatement en charges, cette dernière option étant la méthode préférentielle.

142. Comment comptabilise-t-on les intérêts courus non échus sur un emprunt ?

À la clôture, la fraction d'intérêts courus depuis la dernière échéance est débitée au compte 661 charges d'intérêts par le crédit du compte 1688 intérêts courus. L'écriture est contrepassée à l'ouverture de l'exercice suivant. Ce retraitement applique le principe d'indépendance des exercices aux charges financières.

143. Quel traitement comptable pour les écarts de conversion sur créances et dettes en devises ?

Les créances et dettes en devises sont converties au cours de clôture. Les différences sont inscrites aux comptes 476 écart de conversion actif pour les pertes latentes et 477 pour les gains latents. Une provision pour perte de change est constituée au compte 1515 à hauteur de la perte latente, en application du principe de prudence.

144. Comment traite-t-on les gains latents de change à la clôture ?

Les gains latents, inscrits au compte 477 écart de conversion passif, ne sont jamais enregistrés en produits en application du principe de prudence. Ils sont toutefois imposables fiscalement, ce qui impose une réintégration extra-comptable sur le tableau 2058-A. Symétriquement, la perte latente déjà déduite fiscalement est réintégrée si elle a été provisionnée.

145. Quelles sont les principales étapes des travaux d'inventaire ?

On établit d'abord la balance avant inventaire, puis on procède aux comptages physiques, aux régularisations de stocks, aux dotations aux amortissements et dépréciations, aux provisions, aux régularisations de charges et produits, à la détermination du résultat et enfin à l'établissement de la balance après inventaire et des comptes annuels.

146. Qu'est-ce qu'un dossier de révision et quelle est sa structure habituelle ?

Le dossier de révision rassemble, cycle par cycle, les feuilles de travail justifiant chaque poste des comptes annuels. Il comprend un dossier permanent contenant les informations juridiques stables et un dossier annuel contenant les contrôles de l'exercice. Il matérialise la piste d'audit et engage la responsabilité du réviseur.

147. Comment justifie-t-on le solde d'un compte lors de la révision comptable ?

Chaque solde doit être appuyé d'un document externe ou d'un détail interne vérifiable : relevé bancaire, échéancier d'emprunt, état de rapprochement, balance auxiliaire lettrée, procès-verbal d'inventaire, tableau d'amortissement. La feuille de travail doit mentionner la nature du contrôle, son résultat et les anomalies éventuellement relevées.

148. Qu'appelle-t-on cut-off et pourquoi ce contrôle est-il essentiel

Le cut-off, ou test de séparation des exercices, vérifie que les charges et produits sont rattachés au bon exercice. On contrôle les dernières et premières factures d'achat et de vente autour de la date de clôture en les rapprochant des bons de livraison. C'est un contrôle central de l'arrêté des comptes.

149. Comment détermine-t-on comptablement le résultat de l'exercice ?

Le résultat s'obtient par différence entre le total des produits de la classe 7 et le total des charges de la classe 6, après toutes les écritures d'inventaire et après comptabilisation de l'impôt sur les bénéfices au compte 695. Il est porté au compte 120 bénéfice ou 129 perte, au passif du bilan.

150. Comment se comptabilise l'impôt sur les sociétés dû au titre de l'exercice ?

On débite le compte 695 impôts sur les bénéfices par le crédit du compte 444 État, impôts sur les bénéfices, pour le montant total de l'impôt calculé. Les acomptes déjà versés, enregistrés au débit du compte 444, viennent en diminution. Un solde débiteur traduit un excédent de versement remboursable.

151. Quel est le traitement comptable des acomptes d'impôt sur les sociétés ?

Les quatre acomptes versés aux 15 mars, 15 juin, 15 septembre et 15 décembre sont débités au compte 444 État, impôts sur les bénéfices, par le crédit de la banque. Ils ne constituent pas une charge : la charge d'impôt n'est constatée qu'à la clôture, le solde étant liquidé sur le relevé n° 2572.

152. Qu'est-ce que la contribution sociale sur les bénéfices et qui la supporte ?

Il s'agit d'une contribution additionnelle de 3,3 pour cent assise sur l'impôt sur les sociétés excédant 763 000 euros, due par les entreprises réalisant un chiffre d'affaires d'au moins 7,63 millions d'euros. Elle est comptabilisée au compte 695 et n'est pas déductible du résultat fiscal.

153. Comment traiter comptablement un crédit d'impôt tel que le crédit d'impôt recherche ?

Le crédit d'impôt recherche constitue une subvention comptabilisée en diminution des charges concernées ou au crédit du compte 74, selon la doctrine retenue, avec une créance au compte 444. Il n'est pas imposable et doit donc être déduit extra-comptablement du résultat fiscal s'il a été comptabilisé en produit.

154. Comment procède-t-on à la clôture des comptes de gestion en fin d'exercice ?

Après détermination du résultat, les comptes de charges sont soldés par le crédit et les comptes de produits par le débit, en contrepartie du compte 12 résultat de l'exercice. Cette opération de clôture est généralement automatisée par le logiciel comptable et précède la réouverture des comptes de bilan à l'exercice suivant.

155. Quelle est la procédure de réouverture des comptes au début d'un nouvel exercice ?

Les soldes des comptes de bilan sont repris à l'identique dans le journal des à-nouveaux, en application du principe d'intangibilité du bilan d'ouverture. Les comptes de gestion repartent à zéro. Les écritures de régularisation contrepassables, comme les charges à payer et produits à recevoir, sont extournées dès l'ouverture.

156. Quels sont les principaux contrôles de vraisemblance à effectuer avant l'arrêté définitif ?

On compare chaque poste à l'exercice précédent pour identifier les variations anormales, on calcule les taux de marge et les ratios structurels, on vérifie la cohérence entre masse salariale et déclarations sociales, entre chiffre d'affaires et TVA déclarée, et entre dotations et fichier des immobilisations. Toute anomalie doit être expliquée avant validation.

Chapitre 5 — Capitaux propres, financement et affectation du résultat

157. Que recouvre la notion de capitaux propres au bilan ?

Les capitaux propres comprennent le capital social, les primes liées au capital, les écarts de réévaluation, les réserves, le report à nouveau, le résultat de l'exercice, les subventions d'investissement et les provisions réglementées. Ils mesurent la valeur comptable revenant aux associés et constituent l'indicateur central de la solvabilité de l'entreprise.

158. Quelle différence existe-t-il entre capitaux propres et situation nette ?

La situation nette correspond aux capitaux propres diminués des subventions d'investissement et des provisions réglementées. Elle représente donc la valeur comptable strictement attribuable aux associés, hors éléments d'origine fiscale ou publique. C'est cette notion qui sert de référence pour apprécier certains ratios financiers et l'endettement relatif.

159. Comment comptabilise-t-on la constitution du capital dans une société par actions simplifiée ?

On débite le compte 4561 associés, comptes d'apport en société, par le crédit du compte 1013 capital souscrit appelé versé, ou 1011 puis 1012 en cas de libération partielle. La libération se traduit par le débit de la banque et le crédit du compte 4561. Les apports en numéraire peuvent être libérés de moitié à la constitution.

160. Quel est le traitement comptable d'une augmentation de capital par apport en numéraire avec prime d'émission ?

La valeur nominale est portée au compte 101 capital et la différence avec le prix d'émission au compte 1041 prime d'émission. La créance sur les souscripteurs transite par le compte 4563. Les frais d'augmentation de capital sont imputés en priorité sur la prime d'émission, ou comptabilisés en charges selon la méthode retenue.

161. Comment se comptabilise une augmentation de capital par incorporation de réserves ?

On débite les comptes de réserves concernés, à l'exception de la réserve légale dans certaines limites, par le crédit du compte 1013 capital. Cette opération est purement comptable et ne modifie pas le montant total des capitaux propres. Elle se traduit par une attribution d'actions gratuites ou une élévation du nominal.

162. Qu'est-ce que la réserve légale et quelles sont ses règles de dotation ?

La réserve légale est obligatoire pour les sociétés de capitaux. Elle est dotée à hauteur d'au moins cinq pour cent du bénéfice de l'exercice diminué des pertes antérieures, jusqu'à ce qu'elle atteigne dix pour cent du capital social. Elle est comptabilisée au compte 1061 et n'est pas distribuable.

163. Quelle différence entre réserves statutaires, réglementées et facultatives ?

Les réserves statutaires, au compte 1063, résultent d'une obligation prévue par les statuts. Les réserves réglementées, au compte 1064, découlent d'une disposition légale ou fiscale spécifique. Les autres réserves, au compte 1068, sont librement décidées par l'assemblée générale et peuvent être distribuées ultérieurement sur décision collective.

164. Qu'est-ce que le report à nouveau et comment fonctionne-t-il ?

Le report à nouveau, compte 110 s'il est créditeur et 119 s'il est débiteur, enregistre la fraction du résultat non affectée. Un report à nouveau débiteur traduit des pertes antérieures non apurées et doit être imputé sur les bénéfices futurs avant toute distribution de dividendes.

165. Quelles sont les étapes de l'affectation du résultat d'une société ?

L'assemblée générale ordinaire détermine le bénéfice distribuable en ajoutant au résultat le report à nouveau créditeur et en retranchant les pertes antérieures et la dotation à la réserve légale. Elle décide ensuite de la dotation aux réserves, de la distribution de dividendes et du report à nouveau du solde. L'écriture solde le compte 120.

166. Quel est le schéma d'écriture d'une affectation du résultat bénéficiaire ?

On débite le compte 120 résultat de l'exercice pour son montant total, et on crédite les comptes 1061 réserve légale, 1068 autres réserves, 457 associés, dividendes à payer, et 110 report à nouveau selon la répartition décidée. L'écriture est passée à la date de l'assemblée générale d'approbation des comptes.

167. Comment comptabilise-t-on le paiement des dividendes et les prélèvements associés ?

Le versement débite le compte 457 associés, dividendes à payer, par le crédit de la banque pour le net, et des comptes 442 pour le prélèvement forfaitaire unique et 431 pour les prélèvements sociaux lorsque les bénéficiaires sont des personnes physiques. Le taux global du prélèvement forfaitaire unique est de trente pour cent.

168. Quelles sont les conséquences comptables d'un résultat déficitaire ?

La perte est inscrite au débit du compte 129 résultat de l'exercice. Elle est affectée par l'assemblée générale soit au report à nouveau débiteur, compte 119, soit imputée sur les réserves disponibles ou sur le report à nouveau créditeur antérieur. Elle réduit d'autant les capitaux propres de l'entreprise.

169. Que se passe-t-il lorsque les capitaux propres deviennent inférieurs à la moitié du capital social ?

Les associés doivent être consultés dans les quatre mois de l'approbation des comptes sur la dissolution anticipée. En cas de poursuite, la société dispose d'un délai pour reconstituer ses capitaux propres ou réduire son capital, sous peine de dissolution judiciaire. Cette procédure est prévue aux articles L. 223-42 et L. 225-248 du code de commerce.

170. Comment comptabilise-t-on une réduction de capital motivée par des pertes ?

On débite le compte 101 capital social par le crédit du compte 119 report à nouveau débiteur, à hauteur des pertes imputées. Cette opération, dite coup d'accordéon lorsqu'elle est suivie d'une augmentation, assainit le bilan sans mouvement de trésorerie. Elle nécessite une décision d'assemblée générale extraordinaire et des formalités de publicité.

171. Comment enregistre-t-on la souscription d'un emprunt bancaire ?

On débite la banque pour le montant net perçu et le compte 627 pour les frais de dossier, par le crédit du compte 164 emprunts auprès des établissements de crédit pour le capital emprunté. Les échéances ultérieures sont ventilées entre remboursement du capital au débit du compte 164 et intérêts au débit du compte 661.

172. Qu'est-ce qu'un compte courant d'associé et quel est son régime comptable ?

Le compte courant d'associé, comptabilisé au compte 455, constate les sommes mises à disposition de la société par un associé. Il constitue une dette financière remboursable à tout moment sauf convention contraire.

Les intérêts servis sont déductibles dans la limite d'un taux plafond publié trimestriellement par l'administration fiscale.

173. Quelles conditions doivent être remplies pour déduire les intérêts de comptes courants d'associés ?

Le capital social doit être intégralement libéré, et le taux d'intérêt ne peut excéder la moyenne annuelle des taux effectifs moyens pratiqués par les établissements de crédit pour les prêts à taux variable aux entreprises d'une durée supérieure à deux ans. Pour les associés dirigeants, un plafond supplémentaire de sous-capitalisation s'applique.

174. Qu'est-ce qu'un abandon de créance et comment se comptabilise-t-il ?

L'abandon de créance à caractère commercial est enregistré en charge chez le créancier au compte 6788 et en produit chez le débiteur au compte 7788. L'abandon à caractère financier n'est en principe plus déductible depuis 2012, sauf pour les entreprises en difficulté faisant l'objet d'une procédure collective ou de conciliation homologuée.

175. Comment se comptabilise l'émission d'un emprunt obligataire ?

On crédite le compte 163 autres emprunts obligataires pour la valeur de remboursement, on débite la banque pour le montant encaissé, et le compte 169 primes de remboursement des obligations pour la différence. Cette prime est amortie au compte 6861 sur la durée de l'emprunt, en principe au prorata des intérêts courus.

176. Quel est le traitement comptable des concours bancaires courants ?

Les découverts bancaires sont enregistrés au compte 519 concours bancaires courants et figurent au passif du bilan parmi les emprunts et dettes financières. Ils ne doivent pas être compensés avec les soldes créditeurs des autres comptes bancaires. Les agios correspondants sont comptabilisés au compte 661 et les commissions au compte 627.

177. Comment se comptabilise l'affacturage des créances clients ?

La cession des créances au factor débite le compte 467 ou un compte de tiers dédié par le crédit du compte 411 clients. Le financement reçu est enregistré au débit de la banque, les commissions au débit du compte 622 avec TVA, et la retenue de garantie dans un compte de créance distincte jusqu'à sa libération.

178. Qu'est-ce qu'un contrat de location financement au regard des comptes consolidés ?

En comptes consolidés établis selon les normes françaises, le retraitement du crédit-bail est une méthode préférentielle qui inscrit le bien à l'actif et la dette correspondante au passif. En normes IFRS, la norme IFRS 16 impose ce traitement pour la quasi-totalité des contrats de location, sans distinction entre location simple et financement.

179. Comment traite-t-on comptablement les frais d'émission d'emprunt ?

La méthode préférentielle consiste à comptabiliser immédiatement ces frais en charges au compte 627. L'entreprise peut également les étaler sur la durée de l'emprunt via le compte 4816 charges à répartir, amorties au compte 6812. Le choix retenu doit être mentionné en annexe et appliqué de façon permanente.

180. Qu'est-ce que la capacité d'autofinancement et pourquoi intéresse-t-elle le comptable ?

La capacité d'autofinancement mesure le flux potentiel de trésorerie généré par l'activité, indépendamment des décalages de règlement. Elle se calcule à partir de l'excédent brut d'exploitation ou du résultat net corrigé des charges et produits calculés. Elle conditionne la capacité de remboursement des emprunts et l'autofinancement des investissements.

181. Comment se comptabilise le rachat par une société de ses propres actions ?

Les actions propres destinées à être annulées sont inscrites au compte 502 puis annulées par imputation sur le capital et les réserves. Celles destinées à être attribuées aux salariés sont comptabilisées en valeurs mobilières de placement. L'opération obéit à des conditions juridiques strictes fixées par le code de commerce.

182. Qu'est-ce que le tableau de variation des capitaux propres et à quoi sert-il ?

Ce tableau retrace, pour chaque poste des capitaux propres, le solde d'ouverture, les mouvements de l'exercice et le solde de clôture. Il permet d'expliquer les variations résultant du résultat, des distributions, des augmentations de capital et des changements de méthode. Il constitue une information obligatoire de l'annexe pour les sociétés dépassant les seuils.

183. Quelles sont les principales sources de financement à long terme d'une entreprise ?

On distingue les fonds propres, apportés par les associés ou générés par l'autofinancement, les quasi-fonds propres tels que les comptes courants bloqués et les obligations convertibles, et l'endettement bancaire ou obligataire. Le crédit-bail constitue un mode de financement hors bilan en comptes individuels français.

184. Comment se comptabilise une prime de remboursement d'obligations ?

La prime, différence entre la valeur de remboursement et le prix d'émission, est inscrite à l'actif au compte 169 lors de l'émission. Elle est amortie sur la durée de l'emprunt au compte 6861 dotations aux amortissements des primes de remboursement. Cet amortissement constitue une charge financière déductible fiscalement.

185. Quels contrôles opérer sur le cycle capitaux propres lors de la révision ?

Il faut rapprocher les capitaux propres du procès-verbal d'assemblée générale, vérifier la conformité de l'affectation du résultat aux décisions prises et aux règles légales, contrôler la dotation à la réserve légale, s'assurer de la cohérence entre le capital comptabilisé et l'extrait Kbis, et vérifier le respect des seuils d'alerte.

186. Quelles informations relatives aux capitaux propres doivent figurer en annexe ?

L'annexe indique la composition du capital social, le nombre et la valeur nominale des titres, les variations de chaque poste des capitaux propres, l'affectation du résultat de l'exercice précédent, les engagements en matière de droits de vote particuliers et l'existence de titres donnant accès au capital. Ces informations éclairent la structure de contrôle.

Chapitre 6 — Comptes annuels, annexe et obligations de publicité

187. Quels documents composent les comptes annuels ?

Les comptes annuels comprennent le bilan, le compte de résultat et l'annexe, qui forment un tout indissociable en application de l'article L. 123-12 du code de commerce. Ils doivent être établis à la clôture de l'exercice, être réguliers et sincères, et donner une image fidèle du patrimoine, de la situation financière et du résultat.

188. Quelle est la structure du bilan et sa logique de présentation ?

Le bilan présente à l'actif les emplois, classés par ordre de liquidité croissante entre actif immobilisé et actif circulant, et au passif les ressources, classées par ordre d'exigibilité croissante entre capitaux propres, provisions et dettes. L'actif est présenté en valeurs brutes, amortissements et dépréciations, puis valeurs nettes.

189. Quels postes composent l'actif immobilisé du bilan ?

L'actif immobilisé regroupe les immobilisations incorporelles telles que le fonds commercial, les logiciels et les frais de développement, les immobilisations corporelles comme les terrains, constructions et matériels, et les immobilisations financières comprenant les titres de participation, les prêts et les dépôts et cautionnements versés.

190. Comment se structure le compte de résultat depuis le règlement ANC n° 2022-06 ?

Le compte de résultat distingue désormais le résultat d'exploitation et le résultat financier, dont la somme forme le résultat courant, puis l'impôt et la participation pour aboutir au résultat net. La rubrique exceptionnelle a été supprimée pour les exercices ouverts à compter du 1er janvier 2025, les éléments concernés étant reclassés.

191. Quelle est la fonction de l'annexe des comptes annuels ?

L'annexe complète et commente l'information du bilan et du compte de résultat afin de donner une image fidèle. Elle comporte les informations d'importance significative relatives aux règles et méthodes comptables, aux compléments d'information sur les postes, aux engagements hors bilan et aux événements postérieurs à la clôture.

192. Quelles entreprises sont dispensées d'établir une annexe ?

Les micro-entreprises au sens comptable, qui ne dépassent pas deux des trois seuils de 450 000 euros de total de bilan, 900 000 euros de chiffre d'affaires et dix salariés, sont dispensées d'annexe, sauf si elles sont cotées, appartiennent à un groupe consolidé ou relèvent de certains secteurs réglementés.

193. Qu'est-ce qu'un engagement hors bilan et quels exemples peut-on citer ?

Un engagement hors bilan est une obligation potentielle ou certaine ne figurant pas au bilan mais susceptible d'affecter la situation financière. On cite les cautions et avals donnés, les nantissements et hypothèques, les engagements de crédit-bail, les engagements de retraite non provisionnés et les effets escomptés non échus. Ils sont mentionnés en annexe.

194. Comment traiter les événements postérieurs à la clôture ?

Les événements liés à des situations existant à la clôture donnent lieu à ajustement des comptes, comme la faillite d'un client survenue après la clôture. Les événements sans lien avec la situation existante ne modifient pas les comptes mais font l'objet d'une information en annexe s'ils sont d'importance significative.

195. Quelles sont les obligations de dépôt des comptes annuels au greffe ?

Les sociétés commerciales doivent déposer leurs comptes annuels, le rapport de gestion le cas échéant et la décision d'affectation du résultat dans le mois suivant l'approbation, ou deux mois en cas de dépôt électronique. Le défaut de dépôt expose à une injonction sous astreinte du président du tribunal de commerce.

196. Qu'est-ce que l'option de confidentialité des comptes annuels ?

Les micro-entreprises peuvent demander que l'ensemble de leurs comptes annuels ne soit pas rendu public. Les petites entreprises peuvent demander la confidentialité du seul compte de résultat. Les moyennes entreprises peuvent publier une présentation simplifiée du bilan et de l'annexe. Ces options sont exclues pour les sociétés appartenant à un groupe.

197. Dans quels délais l'assemblée générale doit-elle approuver les comptes annuels ?

L'assemblée générale ordinaire doit approuver les comptes dans les six mois de la clôture de l'exercice. Une prolongation peut être demandée par requête au président du tribunal de commerce. Le non-respect de ce délai expose le dirigeant à une sanction pénale et peut engager sa responsabilité civile.

198. Quand la nomination d'un commissaire aux comptes est-elle obligatoire ?

Depuis la loi PACTE, la nomination est obligatoire lorsque la société dépasse deux des trois seuils suivants : 5 millions d'euros de total de bilan, 10 millions d'euros de chiffre d'affaires hors taxes et 50 salariés. Des obligations spécifiques s'appliquent aux têtes de groupe et aux filiales significatives.

199. Quelle est la mission du commissaire aux comptes sur les comptes annuels ?

Il certifie que les comptes annuels sont réguliers, sincères et donnent une image fidèle. Il peut certifier sans réserve, avec réserves, ou refuser de certifier. Il vérifie également la sincérité des informations du rapport de gestion et met en œuvre la procédure d'alerte en cas de faits de nature à compromettre la continuité d'exploitation.

200. Quelle différence entre expert-comptable et commissaire aux comptes ?

L'expert-comptable exerce une mission contractuelle de tenue, de surveillance ou de présentation des comptes pour le compte de son client. Le commissaire aux comptes exerce une mission légale et permanente de contrôle dans l'intérêt général. Les deux fonctions sont incompatibles sur un même dossier en raison du principe d'indépendance.

201. Qu'est-ce que l'attestation d'un expert-comptable dans une mission de présentation ?

À l'issue d'une mission de présentation, l'expert-comptable délivre une attestation indiquant qu'il n'a pas relevé d'éléments remettant en cause la cohérence et la vraisemblance des comptes annuels. Cette assurance est modérée et ne constitue ni un audit ni une certification. Elle engage néanmoins la responsabilité professionnelle du signataire.

202. Quel est le contenu du rapport de gestion et qui doit l'établir ?

Le rapport de gestion présente la situation de la société, l'évolution prévisible, les événements postérieurs à la clôture, les activités de recherche et développement et les principaux risques. Les petites entreprises en sont dispensées, sauf si elles ont émis des titres cotés ou dépassent les seuils applicables.

203. Quelles sont les sanctions encourues en cas de comptabilité irrégulière ?

L'absence de comptabilité ou sa tenue irrégulière peut entraîner le rejet de comptabilité en cas de contrôle fiscal, avec évaluation d'office des bases d'imposition. Sur le plan pénal, le délit de présentation de comptes infidèles est puni de cinq ans d'emprisonnement et de 375 000 euros d'amende pour les dirigeants de sociétés.

204. Qu'est-ce que la déclaration de performance extra-financière ?

Il s'agit d'une information sur les conséquences sociales et environnementales de l'activité, incluse dans le rapport de gestion des grandes entreprises. Elle est progressivement remplacée par le rapport de durabilité issu de la directive CSRD, dont le calendrier d'application a été aménagé par la directive dite Stop the clock adoptée en 2025.

205. À quelles entreprises s'applique le rapport de durabilité CSRD et selon quel calendrier ?

La directive CSRD vise d'abord les grandes entreprises d'intérêt public, puis progressivement les autres grandes entreprises et les PME cotées. La directive de report adoptée en 2025 a décalé de deux ans l'entrée en vigueur pour les deuxième et troisième vagues, et le paquet Omnibus a réduit sensiblement le champ des entreprises concernées.

206. Comment se présente le tableau des filiales et participations ?

Ce tableau, obligatoire en annexe pour les sociétés détenant des participations, indique pour chaque filiale le capital, les capitaux propres, la quote-part détenue, la valeur comptable des titres, les prêts et avances consentis, les cautions données, le chiffre d'affaires et le résultat du dernier exercice, ainsi que les dividendes encaissés.

207. Qu'est-ce que le principe de l'intangibilité appliqué à la liasse fiscale ?

Les données de la liasse fiscale doivent être identiques à celles des comptes annuels approuvés : le bilan et le compte de résultat des tableaux 2050 à 2053 reprennent la comptabilité, les retraitements fiscaux figurant exclusivement sur les tableaux 2058-A et suivants. Toute divergence non expliquée constitue une anomalie majeure.

208. Quelles obligations comptables spécifiques pèsent sur les associations recevant des subventions publiques ?

Les associations recevant plus de 153 000 euros de subventions publiques annuelles doivent établir des comptes annuels, nommer un commissaire aux comptes et publier leurs comptes. Elles appliquent le règlement ANC n° 2018-06, qui prévoit notamment le mécanisme des fonds dédiés et le compte de résultat par origine et destination.

209. Comment se comptabilisent les contributions volontaires en nature dans une association ?

Le règlement ANC n° 2018-06 impose, lorsque l'association dispose d'une information quantifiable et valorisable, de les inscrire au pied du compte de résultat dans des comptes de classe 8 dédiés. Le bénévolat, les dons en nature et les mises à disposition gratuites y figurent, sans impact sur le résultat comptable.

210. Quelles sont les obligations comptables d'une entreprise individuelle relevant du régime réel simplifié ?

Elle tient une comptabilité d'engagement mais peut ne constater les créances et dettes qu'à la clôture, sous réserve d'enregistrer quotidiennement les recettes et dépenses. Elle établit un bilan et un compte de résultat simplifiés sur les tableaux 2033. Une évaluation forfaitaire des frais de carburant est admise sous conditions.

211. Quelles obligations découlent du statut d'entrepreneur individuel depuis la réforme de 2022 ?

La loi du 14 février 2022 institue une séparation de plein droit entre patrimoine professionnel et patrimoine personnel. L'entrepreneur doit identifier les éléments affectés à son activité, ce qui suppose une comptabilité rigoureuse permettant de justifier la composition du patrimoine professionnel en cas de poursuite des créanciers.

DEUXIÈME PARTIE — CCP 2 : RENSEIGNER ET CONTRÔLER LES DÉCLARATIONS FISCALES

Chapitre 7 — TVA : champ d'application, territorialité et exigibilité

212. Quel est le mécanisme général de la taxe sur la valeur ajoutée ?

La TVA est un impôt indirect sur la consommation, supporté in fine par le consommateur final. L'entreprise collecte la taxe sur ses ventes, déduit celle qu'elle a supportée sur ses achats et reverse la différence au Trésor public. Ce mécanisme de paiements fractionnés assure la neutralité de l'impôt pour les assujettis.

213. Quelles opérations entrent dans le champ d'application de la TVA ?

Entrent dans le champ les livraisons de biens et prestations de services effectuées à titre onéreux par un assujetti agissant en tant que tel, ainsi que les acquisitions intracommunautaires et les importations. S'y ajoutent les opérations imposables par disposition expresse de la loi et celles soumises à la taxe sur option.

214. Qu'est-ce qu'un assujetti à la TVA ?

Est assujettie toute personne qui exerce de manière indépendante une activité économique, quels que soient son statut juridique, sa situation au regard des autres impôts et la forme de son intervention. Les salariés et les personnes liées par un contrat de travail sont exclus faute d'indépendance, de même que certaines activités des personnes morales de droit public.

215. Quelle différence entre opération hors champ, exonérée et taxable ?

Une opération hors champ n'entre pas dans le domaine de la TVA, faute d'activité économique ou de contrepartie. Une opération exonérée entre dans le champ mais bénéficie d'une dispense légale de taxation. Une opération taxable est effectivement soumise à la taxe. Ces distinctions déterminent l'étendue du droit à déduction.

216. Quels sont les taux de TVA applicables en France métropolitaine ?

Le taux normal est de 20 pour cent, le taux réduit de 10 pour cent s'applique notamment à la restauration, aux transports de voyageurs et à certains travaux de rénovation. Le taux réduit de 5,5 pour cent vise les produits alimentaires, les livres, l'énergie et les travaux de rénovation énergétique. Le taux particulier de 2,1 pour cent concerne les médicaments remboursables et la presse.

217. Quels taux de TVA s'appliquent en Corse et dans les départements d'outre-mer ?

La Corse bénéficie de taux particuliers de 0,9 pour cent, 2,1 pour cent, 10 pour cent et 13 pour cent selon les opérations. En Guadeloupe, Martinique et à La Réunion, le taux normal est de 8,5 pour cent et le taux réduit de 2,1 pour cent. La Guyane et Mayotte sont hors du champ territorial de la TVA.

218. Quel est le fait générateur de la TVA sur une livraison de biens ?

Le fait générateur est constitué par la délivrance du bien, c'est-à-dire le transfert du pouvoir de disposer du bien comme un propriétaire. L'exigibilité intervient en principe au même moment. Toutefois, depuis le 1er janvier 2023, l'encaissement d'un acompte rend la taxe exigible à hauteur du montant encaissé.

219. Quand la TVA sur prestations de services devient-elle exigible ?

L'exigibilité intervient lors de l'encaissement des acomptes, du prix ou de la rémunération. Le prestataire peut toutefois opter pour le paiement de la taxe d'après les débits, l'exigibilité intervenant alors à l'inscription de la somme au débit du compte client, sans pouvoir être postérieure à l'encaissement.

220. Qu'est-ce que l'option pour les débits et quelles sont ses conséquences ?

L'option pour les débits avance l'exigibilité de la TVA à la date de facturation pour les prestations de services. Elle simplifie la gestion en alignant TVA et comptabilité mais pénalise la trésorerie du prestataire. Elle doit être mentionnée sur les factures et s'applique à l'ensemble des opérations du prestataire.

221. Comment définit-on la base d'imposition à la TVA ?

La base d'imposition comprend toutes les sommes, valeurs, biens ou services reçus en contrepartie de l'opération, y compris les subventions directement liées au prix, les frais accessoires et les impôts autres que la TVA. Sont exclus les escomptes, rabais, remises et ristournes, ainsi que les débours justifiés engagés au nom du client.

222. Quelles mentions obligatoires doit comporter une facture ?

La facture doit indiquer la date d'émission, le numéro séquentiel, l'identité complète du vendeur et de l'acheteur, les numéros de TVA intracommunautaire le cas échéant, la désignation et la quantité des biens ou services, le prix unitaire hors taxe, le taux et le montant de TVA par taux, la date de livraison, les conditions de règlement et les pénalités de retard.

223. Quelles nouvelles mentions la réforme de la facturation électronique ajoute-t-elle ?

Le décret n° 2022-1299 ajoute quatre mentions obligatoires : le numéro SIREN du client assujetti, l'adresse de livraison des biens si elle diffère de l'adresse de facturation, l'information indiquant si les opérations sont des livraisons de biens, des prestations de services ou les deux, et le paiement de la taxe d'après les débits en cas d'option.

224. Quel est le calendrier d'entrée en vigueur de la facturation électronique obligatoire ?

À compter du 1er septembre 2026, toutes les entreprises assujetties doivent être en mesure de recevoir des factures électroniques, et les grandes entreprises et entreprises de taille intermédiaire doivent émettre les leurs sous format électronique. Les petites et moyennes entreprises ainsi que les microentreprises devront émettre à compter du 1er septembre 2027.

225. Qu'est-ce qu'une plateforme agréée et quel est son rôle ?

La plateforme agréée, anciennement plateforme de dématérialisation partenaire, est un opérateur immatriculé par l'administration pour transmettre les factures électroniques entre assujettis et adresser les données à l'administration fiscale. Le portail public de facturation conserve un rôle d'annuaire et de concentrateur, sans assurer lui-même l'échange gratuit initialement prévu.

226. Quels formats de facture électronique sont admis par la réforme ?

Les formats socles retenus sont Factur-X, format hybride associant un fichier PDF lisible et des données structurées en XML, ainsi que les formats UBL et CII issus de la norme européenne EN 16931. Un simple PDF envoyé par courriel ne constituera plus une facture électronique au sens de la réforme.

227. Qu'est-ce que l'e-reporting et quelles opérations concerne-t-il ?

L'e-reporting est la transmission à l'administration des données de transaction non couvertes par la facturation électronique : ventes aux particuliers, opérations avec des clients ou fournisseurs étrangers, et données de paiement pour les prestations de services. Il suit le même calendrier que l'obligation d'émission des factures électroniques.

228. Quelles sont les règles de territorialité des livraisons de biens ?

Une livraison de biens est imposable en France lorsque le bien s'y trouve au moment du départ de l'expédition ou de la mise à disposition de l'acquéreur. Les livraisons intracommunautaires à un assujetti identifié sont exonérées, la taxation intervenant dans l'État de destination par autoliquidation de l'acquéreur.

229. Quelles conditions permettent d'exonérer une livraison intracommunautaire ?

L'exonération suppose une livraison à titre onéreux, un acquéreur assujetti identifié à la TVA dans un autre État membre, un transport effectif hors de France justifié par des preuves, et la communication par l'acquéreur de son numéro d'identification. Depuis 2020, le dépôt de l'état récapitulatif TVA conditionne également l'exonération.

230. Comment fonctionne l'autoliquidation d'une acquisition intracommunautaire ?

L'acquéreur français collecte lui-même la TVA sur le montant de l'acquisition et la déclare en TVA collectée, tout en la déduisant simultanément si son droit à déduction est intégral. L'opération est donc financièrement neutre. Elle doit néanmoins figurer sur la déclaration aux lignes prévues à cet effet, sous peine d'amende.

231. Qu'est-ce que la déclaration d'échanges de biens et par quoi a-t-elle été remplacée ?

Depuis le 1er janvier 2022, la déclaration d'échanges de biens a été scindée en deux : l'enquête statistique mensuelle sur les échanges de biens intra-Union, obligatoire pour les entreprises sollicitées, et l'état récapitulatif TVA, obligatoire pour toutes les livraisons intracommunautaires. Ils sont transmis à la direction générale des douanes.

232. Quelle est la règle générale de territorialité des prestations de services entre assujettis ?

En relations entre assujettis, la prestation est imposable au lieu d'établissement du preneur. Le prestataire français facture donc hors taxe à un preneur assujetti étranger, qui autoliquide la taxe. Cette règle, issue de l'article 259-1 du code général des impôts, comporte plusieurs dérogations sectorielles.

233. Quelles sont les principales dérogations à la règle de territorialité des services ?

Sont taxés au lieu de situation les services se rattachant à un immeuble ; au lieu d'exécution matérielle les prestations culturelles, sportives et de restauration ; au lieu de départ les transports de passagers ; et au lieu de mise à disposition les locations de moyens de transport de courte durée. Les services électroniques rendus à des particuliers sont taxés dans l'État du consommateur.

234. Qu'est-ce que le guichet unique OSS et à quoi sert-il ?

Le guichet unique One Stop Shop permet à un assujetti de déclarer et payer dans un seul État membre la TVA due dans les autres États sur ses ventes à distance intracommunautaires de biens et ses prestations de services aux particuliers. Il évite une immatriculation dans chaque État de consommation et repose sur une déclaration trimestrielle.

235. Quel seuil déclenche la taxation des ventes à distance dans l'État de destination ?

Depuis le 1er juillet 2021, un seuil unique de 10 000 euros s'applique à l'ensemble des ventes à distance intracommunautaires de biens et des services électroniques rendus à des particuliers dans l'Union. Au-delà, la taxation intervient dans l'État du consommateur, généralement déclarée via le guichet unique OSS.

236. Comment sont taxées les importations de biens depuis le 1er janvier 2022 ?

La TVA à l'importation est autoliquidée obligatoirement sur la déclaration de TVA, et non plus payée en douane. Elle est préremplie par l'administration à partir des données douanières. L'entreprise doit disposer d'un numéro de TVA intracommunautaire et vérifier la cohérence des montants préremplis avec ses propres documents douaniers.

237. Quel est le régime du guichet unique à l'importation IOSS ?

Le régime IOSS permet de déclarer la TVA due sur les ventes à distance de biens importés d'une valeur intrinsèque n'excédant pas 150 euros. Le vendeur ou l'interface électronique collecte la taxe au moment de la vente et la déclare mensuellement, ce qui dispense l'acheteur de tout paiement lors du dédouanement.

238. Quelles sont les principales exonérations de TVA sans droit à déduction ?

Sont exonérées les activités médicales et paramédicales, l'enseignement, les opérations d'assurance et la plupart des opérations bancaires et financières, ainsi que les locations d'immeubles nus à usage d'habitation. Ces exonérations privent l'opérateur du droit de déduire la taxe supportée sur ses dépenses.

239. Quelles sont les conditions du régime de la franchise en base de TVA en 2026 ?

En 2026, les seuils de base restent fixés à 85 000 euros pour les livraisons de biens et l'hébergement et à 37 500 euros pour les prestations de services, avec des seuils majorés de 93 500 et 41 250 euros. La loi du 4 novembre 2025 a définitivement écarté le projet de seuil unique de 25 000 euros.

240. Quelles sont les conséquences du dépassement du seuil de franchise en base ?

Le dépassement du seuil de base sans dépassement du seuil majoré entraîne l'assujettissement à compter du 1er janvier de l'année suivante. Le dépassement du seuil majoré rend l'entreprise redevable dès le premier jour du dépassement. Elle doit alors facturer la TVA immédiatement et supprimer la mention de l'article 293 B.

241. Quelle mention obligatoire figure sur les factures d'un bénéficiaire de la franchise en base ?

La facture doit porter la mention TVA non applicable, article 293 B du code général des impôts. En contrepartie, le bénéficiaire ne peut déduire aucune TVA sur ses achats. Le maintien de cette mention après la sortie du régime rend la facture non conforme et expose à des sanctions.

242. Quelles sont les caractéristiques du régime réel simplifié d'imposition ?

Il s'applique aux entreprises dont le chiffre d'affaires n'excède pas 840 000 euros pour les ventes ou 254 000 euros pour les services, et dont la TVA annuelle due est inférieure à 15 000 euros. Le redevable verse deux acomptes semestriels en juillet et décembre et régularise sur la déclaration annuelle CA12.

243. Quelles sont les modalités du régime réel normal de TVA ?

Le redevable dépose une déclaration CA3 mensuelle et acquitte la taxe due au titre du mois écoulé. Lorsque la TVA annuelle exigible est inférieure à 4 000 euros, il peut opter pour une déclaration trimestrielle. Ce régime s'impose au-delà des seuils du réel simplifié ou sur option.

244. Comment fonctionne le régime du mini-réel de TVA ?

Le mini-réel permet à une entreprise relevant du régime simplifié pour ses bénéfices d'opter pour le régime réel normal en matière de TVA. Elle dépose alors des déclarations CA3 mensuelles tout en conservant la présentation simplifiée de sa liasse fiscale. Cette option est fréquemment retenue par les entreprises structurellement en crédit de TVA.

245. Qu'est-ce que le régime de la TVA sur la marge et à quelles opérations s'applique-t-il ?

La TVA sur la marge s'applique notamment aux biens d'occasion, œuvres d'art, objets de collection et antiquités acquis auprès de non-redevables, ainsi qu'aux agences de voyages. La base d'imposition est la différence entre le prix de vente et le prix d'achat, taxe comprise. La TVA ne doit pas apparaître sur la facture.

246. Comment fonctionne l'autoliquidation de la TVA dans le secteur du bâtiment ?

Pour les travaux de construction réalisés par un sous-traitant pour le compte d'un donneur d'ordre assujetti, le sous-traitant facture hors taxe avec la mention autoliquidation. Le donneur d'ordre collecte et déduit simultanément la taxe. Ce dispositif de l'article 283-2 nonies du code général des impôts lutte contre la fraude au paiement.

247. Quelles autres opérations donnent lieu à autoliquidation par le preneur ?

L'autoliquidation s'applique également aux livraisons de déchets neufs d'industrie et matériaux de récupération, aux transferts de quotas d'émission de gaz à effet de serre, aux services de communications électroniques, ainsi qu'aux acquisitions auprès d'un fournisseur non établi en France lorsque le preneur est identifié à la TVA française.

248. Qu'est-ce que le régime des livraisons à soi-même et quand s'applique-t-il ?

La livraison à soi-même consiste à taxer un bien ou un service qu'un assujetti produit pour ses besoins propres. Elle s'applique principalement lorsque le bien est affecté à une activité n'ouvrant pas droit à déduction complète, ou aux immeubles neufs non revendus dans les deux ans. Elle rétablit la neutralité de la taxe.

249. Quelles sont les règles de TVA applicables aux cadeaux d'entreprise ?

La TVA supportée sur les biens cédés gratuitement n'est pas déductible, sauf pour les objets de très faible valeur dont le prix unitaire n'excède pas 73 euros toutes taxes comprises par bénéficiaire et par an. Les échantillons et spécimens remis dans le cadre d'une démarche commerciale sont admis en déduction sans limite de valeur.

250. Quel est le régime de TVA des frais de restauration et de réception ?

La TVA supportée sur les frais de restaurant, de réception et de traiteur exposés dans l'intérêt de l'entreprise est intégralement déductible, y compris pour les dirigeants et les salariés. En revanche, la taxe grevant les dépenses de logement au profit des dirigeants ou salariés reste exclue du droit à déduction.

251. Quelles règles de TVA s'appliquent aux véhicules de tourisme

La TVA grevant l'acquisition, la location et l'entretien des véhicules conçus pour le transport de personnes est exclue du droit à déduction. Les véhicules utilitaires y échappent. Depuis 2022, la TVA sur l'essence est déductible à 80 pour cent pour les véhicules exclus du droit à déduction et intégralement pour les autres.

252. Quel est le régime de déduction de la TVA sur le gazole et l'essence ?

Pour les véhicules exclus du droit à déduction, la TVA sur le gazole et l'essence est déductible à hauteur de 80 pour cent. Pour les véhicules utilitaires, elle est intégralement déductible. Le gaz de pétrole liquéfié et l'électricité destinée aux véhicules ouvrent droit à déduction totale.

253. Comment se comptabilise une TVA collectée sur autoliquidation intracommunautaire ?

On débite le compte 445662 TVA déductible sur acquisitions intracommunautaires et on crédite le compte 4452 TVA due intracommunautaire, pour le même montant, en contrepartie de l'enregistrement de l'achat hors taxe. Lorsque le droit à déduction est intégral, l'opération est neutre financièrement mais reste déclarative.

254. Qu'est-ce que le numéro de TVA intracommunautaire et comment le vérifier ?

Ce numéro identifie l'assujetti dans les échanges intracommunautaires. En France, il se compose du code FR, d'une clé à deux caractères et du numéro SIREN. Sa validité doit être vérifiée sur la base VIES de la Commission européenne avant toute facturation en exonération, et cette vérification doit être conservée comme justificatif.

255. Quelles sanctions frappent le défaut de dépôt d'une déclaration de TVA ?

Le défaut ou le retard de dépôt entraîne une majoration de 10 pour cent, portée à 40 pour cent en cas de non-dépôt dans les trente jours d'une mise en demeure, et 80 pour cent en cas d'activité occulte. S'y ajoutent des intérêts de retard de 0,20 pour cent par mois.

256. Comment régularise-t-on une erreur de TVA détectée après le dépôt de la déclaration ?

Une erreur de faible importance peut être corrigée sur la déclaration suivante, aux lignes de régularisation prévues à cet effet. Une erreur significative justifie le dépôt d'une déclaration rectificative accompagnée d'une lettre explicative. La régularisation spontanée permet de réduire l'intérêt de retard de moitié dans certaines conditions.

257. Qu'est-ce que le crédit de TVA et comment l'entreprise peut-elle en disposer ?

Le crédit apparaît lorsque la TVA déductible excède la TVA collectée. Il est en principe reporté sur les déclarations suivantes. L'entreprise peut demander son remboursement annuellement si le crédit atteint 150 euros, mensuellement ou trimestriellement au régime réel normal si le crédit atteint 760 euros.

258. Quelle procédure suivre pour demander un remboursement de crédit de TVA ?

La demande s'effectue par voie dématérialisée au moyen du formulaire n° 3519 joint à la déclaration CA3, ou de l'imprimé 3517 pour le régime simplifié. Elle doit être appuyée de justificatifs, notamment lorsque le crédit provient d'investissements ou d'exportations. L'administration dispose d'un délai d'instruction avec possibilité de demande de renseignements.

259. Comment récupérer la TVA acquittée dans un autre État membre de l'Union européenne ?

La demande est déposée par voie électronique sur le portail de l'administration française, qui la transmet à l'État de remboursement. Elle doit être présentée au plus tard le 30 septembre de l'année suivante, pour un montant minimum de 400 euros pour une demande infra-annuelle ou 50 euros pour une demande annuelle.

260. Qu'est-ce que le préremplissage des déclarations de TVA introduit depuis 2022 ?

L'administration prérenseigne certaines lignes de la déclaration à partir des données douanières, notamment la TVA à l'importation autoliquidée. Le redevable doit vérifier ces montants et les corriger si nécessaire, sa responsabilité restant entière. Ce dispositif préfigure une automatisation plus large liée à la facturation électronique.

261. Quelles sont les obligations de conservation des factures électroniques ?

Les factures doivent être conservées six ans au titre du livre des procédures fiscales et dix ans au titre du code de commerce, dans leur format d'origine. L'authenticité de l'origine, l'intégrité du contenu et la lisibilité doivent être garanties pendant toute la durée de conservation, par signature électronique, piste d'audit fiable ou EDI.

262. Qu'est-ce que la piste d'audit fiable en matière de TVA ?

Il s'agit d'un ensemble de contrôles documentés et permanents établissant un lien entre la facture et la livraison de biens ou la prestation qui en est le fondement. Elle constitue l'une des trois modalités admises pour garantir l'authenticité et l'intégrité d'une facture. Son absence peut motiver un refus du droit à déduction.

Chapitre 8 — TVA : droit à déduction, régularisations et déclarations

263. Quelles sont les conditions générales d'exercice du droit à déduction ?

La déduction suppose une condition de fond, la dépense doit être nécessaire à l'exploitation et utilisée pour des opérations ouvrant droit à déduction, une condition de forme, la détention d'une facture régulière mentionnant la taxe, et une condition de temps, la taxe doit être devenue exigible chez le fournisseur.

264. Comment se décompose le coefficient de déduction d'un bien ou d'un service ?

Le coefficient de déduction est le produit de trois coefficients : le coefficient d'assujettissement, qui mesure la proportion d'utilisation pour des opérations dans le champ, le coefficient de taxation, qui mesure la proportion d'opérations ouvrant droit à déduction, et le coefficient d'admission, qui traduit les exclusions réglementaires.

265. Que représente le coefficient d'assujettissement ?

Il correspond à la proportion d'utilisation du bien ou du service pour la réalisation d'opérations situées dans le champ d'application de la TVA. Il vaut un lorsque le bien est exclusivement affecté à des opérations imposables, zéro lorsqu'il est exclusivement affecté à des opérations hors champ, et une fraction en cas d'usage mixte.

266. Comment détermine-t-on le coefficient de taxation forfaitaire ?

Il s'obtient en rapportant le chiffre d'affaires afférent aux opérations ouvrant droit à déduction au chiffre d'affaires total des opérations situées dans le champ. Il est arrondi au centième supérieur. Il s'applique aux dépenses mixtes utilisées indistinctement pour des opérations taxées et exonérées.

267. Quelles dépenses sont visées par un coefficient d'admission nul ?

Le coefficient d'admission est nul pour les dépenses de logement au profit des dirigeants et salariés, les véhicules de tourisme, les biens cédés gratuitement au-delà de la tolérance des cadeaux de faible valeur, les prestations de transport de personnes, ainsi que les biens et services utilisés à plus de quatre-vingt-dix pour cent à des fins étrangères à l'entreprise.

268. Qu'est-ce qu'une régularisation annuelle de TVA sur immobilisation ?

Lorsque le coefficient de déduction de référence varie de plus d'un dixième par rapport à celui de l'année d'acquisition, une régularisation annuelle s'impose. Elle porte sur un cinquième de la taxe initiale pour les biens meubles et un vingtième pour les immeubles, pendant toute la période de régularisation.

269. Quelle est la durée de la période de régularisation selon la nature du bien ?

La période de régularisation est de cinq années pour les biens meubles immobilisés, l'année d'acquisition comptant pour une année entière, et de vingt années pour les immeubles. Aucune régularisation n'est due pour les biens autres qu'immobilisations, sauf changement d'affectation ou disparition non justifiée.

270. Quels événements déclenchent une régularisation globale de TVA ?

La cession non soumise à la taxe, la cessation d'activité, l'apport en société, le changement de destination du bien ou sa disparition non justifiée déclenchent une régularisation globale. Elle correspond à la somme des régularisations annuelles restant à courir jusqu'au terme de la période de régularisation.

271. Comment traite-t-on la TVA lors d'une transmission universelle de patrimoine ?

L'article 257 bis du code général des impôts dispense de TVA les livraisons de biens et prestations de services réalisées entre redevables lors de la transmission d'une universalité totale ou partielle de biens. Le bénéficiaire est réputé continuer la personne du cédant et reprend les obligations de régularisation attachées aux biens transmis.

272. Qu'est-ce que le secteur distinct d'activité et quelles obligations en découlent ?

Lorsqu'une entreprise exerce des activités soumises à des dispositions différentes au regard de la TVA, elle doit constituer des secteurs distincts avec une comptabilité permettant de suivre séparément les acquisitions et les cessions. Chaque secteur détermine son propre coefficient de déduction, ce qui évite la globalisation des droits à déduction.

273. Quel est le régime de TVA applicable aux locations d'immeubles ?

Les locations d'immeubles nus à usage d'habitation sont exonérées sans droit à déduction. Les locations de locaux nus à usage professionnel sont exonérées mais peuvent être soumises sur option. Les locations de locaux meublés à usage d'habitation sont exonérées, sauf lorsqu'elles s'accompagnent de services para-hôteliers.

274. Quelles conditions permettent de soumettre à TVA la location d'un local professionnel nu ?

L'option est formulée par écrit auprès du service des impôts et prend effet le premier jour du mois de sa formulation. Elle est globale par immeuble, sauf disposition particulière, et couvre une période d'au moins neuf ans. Elle permet au bailleur de déduire la TVA supportée sur les travaux et charges de l'immeuble.

275. Comment est traitée la TVA sur les ventes d'immeubles neufs

La vente d'un immeuble achevé depuis moins de cinq ans est obligatoirement soumise à la TVA sur le prix total. Au-delà de cinq ans, la vente est exonérée sauf option du vendeur assujetti. La TVA sur marge peut s'appliquer lorsque l'acquisition initiale n'a pas ouvert droit à déduction.

276. Quel est le régime de TVA applicable aux travaux dans les logements d'habitation ?

Les travaux d'amélioration, de transformation, d'aménagement et d'entretien dans les logements achevés depuis plus de deux ans relèvent du taux réduit de 10 pour cent. Les travaux de rénovation énergétique bénéficient du taux de 5,5 pour cent. Une attestation du client, formulaire 1300-SD ou 1301-SD, doit être conservée par le prestataire.

277. Quelles sont les rubriques essentielles de la déclaration CA3 ?

Le cadre A détaille les opérations réalisées, ventilées entre ventes taxables par taux, acquisitions intracommunautaires, importations autoliquidées, exportations et livraisons intracommunautaires. Le cadre B récapitule la TVA collectée, la TVA déductible sur immobilisations et sur autres biens et services, et détermine la taxe due ou le crédit.

278. Quelles lignes de la CA3 concernent les opérations non imposables ?

Les lignes 04 à 07 recensent les exportations, les autres opérations non imposables, les livraisons intracommunautaires et les livraisons d'électricité et de gaz. Ces montants n'entrent pas dans le calcul de la taxe due mais doivent être renseignés avec exactitude car ils font l'objet de recoupements automatisés par l'administration.

279. Comment se calcule la TVA due sur la déclaration CA3 ?

La TVA brute due, somme des taxes collectées par taux et des autoliquidations, est diminuée de la TVA déductible sur immobilisations, de la TVA déductible sur autres biens et services et du crédit reporté antérieur. Le solde constitue soit une taxe à décaisser, soit un crédit reportable ou remboursable.

280. Quelles sont les dates limites de dépôt des déclarations CA3 ?

Les dates s'échelonnent du 15 au 24 du mois suivant selon la forme juridique de l'entreprise et le numéro d'identification. Les sociétés relevant de la direction des grandes entreprises déposent selon un calendrier propre. Le télépaiement est obligatoire pour toutes les entreprises, quel que soit leur chiffre d'affaires.

281. Comment se calculent les acomptes du régime réel simplifié de TVA ?

L'acompte de juillet représente 55 pour cent de la TVA due au titre de l'exercice précédent avant déduction de la TVA sur immobilisations, celui de décembre 40 pour cent. Aucun acompte n'est dû si la taxe de référence est inférieure à 1 000 euros. La déclaration CA12 régularise le solde.

282. Dans quels délais la déclaration annuelle CA12 doit-elle être déposée ?

La CA12 est déposée au plus tard le deuxième jour ouvré suivant le 1er mai pour les exercices clos au 31 décembre. Pour les exercices décalés, la déclaration CA12 E est déposée dans les trois mois de la clôture. Le solde éventuel est acquitté lors du dépôt.

283. Quels contrôles de cohérence effectuer avant de valider une déclaration de TVA ?

Il faut rapprocher le chiffre d'affaires déclaré du chiffre d'affaires comptabilisé, vérifier la cohérence de la TVA collectée par taux, contrôler les soldes des comptes 44566 et 44571 après déclaration, s'assurer que les autoliquidations sont bien déclarées en collecte et en déduction, et vérifier le report exact du crédit antérieur.

284. Comment justifier l'écart entre chiffre d'affaires comptable et chiffre d'affaires déclaré en TVA ?

L'écart s'explique par les décalages d'exigibilité sur prestations de services, les produits non soumis à TVA, les avoirs, les cessions d'immobilisations soumises à la taxe, les livraisons à soi-même et les variations de factures à établir. Un tableau de passage documenté doit être conservé au dossier de révision.

285. Quelles sont les sanctions applicables en cas de TVA déduite à tort ?

Le rappel de taxe est assorti d'un intérêt de retard de 0,20 pour cent par mois et, en cas de manquement délibéré, d'une majoration de 40 pour cent, portée à 80 pour cent en cas de manœuvres frauduleuses. Une amende spécifique de cinq pour cent frappe également la taxe déduite sans facture régulière.

286. Qu'est-ce que la solidarité de paiement en matière de TVA ?

L'article 283-4 bis du code général des impôts rend un assujetti solidairement redevable de la taxe non acquittée par son fournisseur lorsqu'il savait ou ne pouvait ignorer participer à une fraude. Cette règle impose de vérifier l'existence réelle des partenaires et la cohérence des conditions de transaction.

287. Comment se traite la TVA en cas de facture d'avoir ?

L'avoir donne lieu à une régularisation de la TVA collectée chez le vendeur et de la TVA déduite chez l'acquéreur. Il doit faire référence à la facture initiale et respecter les mêmes mentions obligatoires. La régularisation intervient sur la déclaration du mois de son émission, sans procédure contentieuse.

288. Quel est le traitement de la TVA sur les débours ?

Les sommes engagées au nom et pour le compte du client, remboursées à l'euro près et justifiées par les pièces originales, ne constituent pas un élément de la base d'imposition. Elles sont refacturées hors taxe et le mandataire ne peut déduire la TVA correspondante, qui est directement récupérable par le mandant.

289. Comment fonctionne le régime de la TVA des groupes ou groupe TVA ?

Depuis le 1er janvier 2023, des entités étroitement liées sur les plans financier, économique et organisationnel peuvent constituer un assujetti unique. Les opérations internes deviennent hors champ de la TVA et un représentant unique dépose une déclaration consolidée. L'option est prise pour au moins trois ans.

290. Qu'est-ce que le régime de consolidation du paiement de la TVA ?

Distinct du groupe TVA, ce régime permet à une société tête de groupe d'acquitter globalement la TVA due par ses filiales détenues à plus de cinquante pour cent, par compensation entre débits et crédits. Chaque société continue de déposer sa propre déclaration, seul le paiement étant centralisé.

291. Comment traite-t-on la TVA d'une entreprise réalisant à la fois des opérations taxées et exonérées ?

Elle applique un coefficient de taxation forfaitaire aux dépenses mixtes, ou constitue des secteurs distincts lorsque les activités sont dissociables. Les dépenses affectées exclusivement à des opérations exonérées ne sont pas déductibles, celles affectées exclusivement aux opérations taxées le sont intégralement, sous réserve du coefficient d'admission.

292. Quelles obligations déclaratives incombent à une entreprise étrangère réalisant des opérations en France ?

Elle doit s'identifier à la TVA en France et déposer des déclarations, éventuellement par l'intermédiaire d'un représentant fiscal si elle est établie hors de l'Union européenne dans un État sans convention d'assistance au recouvrement. Les entreprises établies dans l'Union désignent un simple mandataire, sans solidarité de paiement.

293. Quelles sont les règles de facturation applicables aux opérations réalisées avec des particuliers ?

La facture n'est obligatoire que pour les ventes à distance, les livraisons intracommunautaires et sur demande du client. Une note ou un ticket doit néanmoins être délivré au-delà de 25 euros pour les prestations de services. Depuis 2018, les logiciels de caisse utilisés doivent être certifiés ou attestés.

294. Quelles obligations pèsent sur les logiciels de caisse depuis 2018 ?

Tout assujetti enregistrant les règlements de ses clients au moyen d'un logiciel ou système de caisse doit utiliser un dispositif satisfaisant aux conditions d'inaltérabilité, de sécurisation, de conservation et d'archivage, justifié par un certificat ou une attestation de l'éditeur. Le défaut de justification est sanctionné par une amende de 7 500 euros.

295. Comment fonctionne la déclaration européenne de services ?

L'état récapitulatif des services, déposé mensuellement auprès de la douane, recense les prestations rendues à des preneurs assujettis établis dans d'autres États membres et taxables chez eux par autoliquidation. Il permet le recoupement des données au niveau européen. Son défaut de dépôt est sanctionné par une amende par ligne manquante.

296. Quelles opérations doivent figurer dans l'état récapitulatif TVA des livraisons de biens ?

Y figurent les livraisons intracommunautaires exonérées, les transferts de stocks vers un autre État membre, les régularisations et les opérations triangulaires. Le dépôt de cet état constitue depuis 2020 une condition de fond de l'exonération, et non plus une simple obligation formelle.

297. Qu'est-ce qu'une opération triangulaire et quel est son traitement ?

Une opération triangulaire fait intervenir trois assujettis identifiés dans trois États membres différents pour un seul transport. Une mesure de simplification dispense l'intermédiaire de s'identifier dans l'État d'arrivée : il facture hors taxe avec la mention autoliquidation et le client final acquitte la taxe dans son État.

298. Comment traite-t-on la TVA des ventes réalisées via une place de marché en ligne ?

Depuis le 1er juillet 2021, l'interface électronique est réputée avoir acquis et livré elle-même les biens pour les ventes à distance de biens importés de moins de 150 euros et pour les livraisons intracommunautaires réalisées par un vendeur non établi dans l'Union. Elle devient donc redevable de la taxe.

299. Quelles sont les obligations documentaires en matière de prix de transfert liées à la TVA ?

Les refacturations intragroupe doivent correspondre à des prestations réelles, être valorisées à des conditions de pleine concurrence et faire l'objet de conventions écrites. Une refacturation non justifiée expose à un rappel de TVA collectée chez le prestataire et à un refus de déduction chez le bénéficiaire.

300. Quels sont les principaux indicateurs de risque examinés par l'administration en matière de TVA ?

L'administration surveille les crédits de TVA récurrents, les écarts entre chiffre d'affaires déclaré en TVA et en liasse fiscale, les variations brutales de taux de marge, les déductions sur des postes traditionnellement exclus, les flux intracommunautaires non recoupés par le système VIES et les défauts de dépôt de l'état récapitulatif.

301. Quelle procédure suivre pour contester un rappel de TVA ?

Le redevable dispose d'un délai de trente jours, prorogeable, pour répondre à la proposition de rectification. Il peut ensuite saisir l'interlocuteur départemental, puis déposer une réclamation contentieuse et, en cas de rejet, saisir le tribunal administratif. Le sursis de paiement peut être demandé, moyennant des garanties au-delà de 4 500 euros.

302. Comment sécuriser une position de TVA incertaine auprès de l'administration ?

L'entreprise peut solliciter un rescrit fiscal en application de l'article L. 80 B du livre des procédures fiscales. La réponse de l'administration l'engage et protège le redevable contre un rehaussement ultérieur sur la même question, tant que la situation exposée reste inchangée et que les faits ont été présentés sincèrement.

Chapitre 9 — Détermination du résultat fiscal : réintégrations et déductions

303. Comment passe-t-on du résultat comptable au résultat fiscal ?

Le résultat fiscal s'obtient en corrigeant le résultat comptable des réintégrations, correspondant aux charges non déductibles, et des déductions, correspondant aux produits non imposables ou déjà taxés. Ces retraitements extra-comptables sont portés sur le tableau 2058-A de la liasse fiscale et n'affectent pas la comptabilité.

304. Quelles sont les conditions générales de déductibilité d'une charge ?

La charge doit être engagée dans l'intérêt de l'exploitation, se traduire par une diminution de l'actif net, être effectivement comptabilisée sur l'exercice auquel elle se rattache, être appuyée de justifications suffisantes et ne pas être expressément exclue par une disposition légale. Ces conditions découlent de l'article 39 du code général des impôts.

305. Qu'est-ce qu'un acte anormal de gestion ?

C'est un acte par lequel une entreprise s'appauvrit à des fins étrangères à son intérêt propre, sans contrepartie. L'administration peut alors réintégrer la charge correspondante ou imposer le produit renoncé. La jurisprudence du Conseil d'État admet toutefois la liberté de gestion et n'exige pas que chaque décision soit optimale.

306. Quelles charges sont expressément exclues de la déduction fiscale ?

Sont notamment exclus les amendes et pénalités de toute nature, l'impôt sur les sociétés lui-même, la taxe sur les véhicules affectés à des fins économiques, les dépenses somptuaires, les rémunérations excessives, les libéralités et les intérêts de comptes courants excédant les plafonds réglementaires.

307. Que recouvrent les dépenses somptuaires non déductibles ?

Il s'agit des dépenses de chasse et de pêche à caractère non professionnel, des résidences de plaisance ou d'agrément, des yachts et bateaux de plaisance, ainsi que de l'amortissement des biens correspondants. Ces charges sont réintégrées quelle que soit leur justification apparente, sauf pour les entreprises dont l'objet même est cette activité.

308. Quel est le régime fiscal des amendes et pénalités ?

L'article 39-2 du code général des impôts interdit la déduction des sanctions pécuniaires et pénalités de toute nature mises à la charge des contrevenants pour infraction aux obligations légales. Cela inclut les amendes de circulation, les majorations fiscales et les pénalités de retard des organismes sociaux. Les pénalités contractuelles restent déductibles.

309. Comment traite-t-on fiscalement les dons aux œuvres d'intérêt général ?

Les dons ne sont pas déductibles du résultat mais ouvrent droit à une réduction d'impôt de 60 pour cent de leur montant, dans la limite de 20 000 euros ou de cinq pour mille du chiffre d'affaires hors taxes. Le taux est ramené à 40 pour cent pour la fraction excédant deux millions d'euros. L'excédent est reportable cinq ans.

310. Quelles sont les règles de déduction des rémunérations des dirigeants ?

Les rémunérations sont déductibles si elles correspondent à un travail effectif et ne sont pas excessives au regard du service rendu. Dans les sociétés de personnes non soumises à l'impôt sur les sociétés, la rémunération de l'exploitant ou des associés n'est pas déductible et doit être réintégrée au résultat fiscal.

311. Quel est le régime fiscal de la taxe annuelle sur les véhicules de société ?

Depuis 2022, elle a été remplacée par deux taxes annuelles, l'une sur les émissions de dioxyde de carbone et l'autre sur les émissions de polluants atmosphériques. Elles sont dues par les entreprises utilisant des véhicules de tourisme à des fins économiques et ne sont pas déductibles du résultat imposable des sociétés soumises à l'impôt sur les sociétés.

312. Comment traite-t-on fiscalement les loyers de véhicules de tourisme pris en location ?

La fraction du loyer correspondant à l'amortissement pratiqué par le loueur au-delà des plafonds légaux doit être réintégrée par le locataire, lorsque la location excède trois mois ou pour un crédit-bail. Le bailleur communique le montant de la fraction non déductible, qui suit les mêmes plafonds que pour les véhicules acquis.

313. Quel est le sort fiscal des jetons de présence versés aux administrateurs ?

Les rémunérations allouées aux membres du conseil d'administration, désormais dénommées rémunérations d'administrateurs, sont déductibles dans la limite de cinq pour cent du produit obtenu en multipliant la moyenne des rémunérations des dix ou cinq salariés les mieux payés par le nombre de bénéficiaires. L'excédent est réintégré.

314. Comment sont traités les intérêts versés aux associés sur leurs comptes courants ?

Ils sont déductibles à condition que le capital soit intégralement libéré et dans la limite du taux effectif moyen pratiqué par les établissements de crédit, publié trimestriellement. Pour les associés dirigeants ou les entreprises liées, un dispositif complémentaire de limitation lié à la sous-capitalisation peut s'appliquer.

315. Qu'est-ce que le mécanisme de plafonnement de la déduction des charges financières nettes ?

L'article 212 bis du code général des impôts limite la déduction des charges financières nettes à trente pour cent du résultat fiscal avant impôts, intérêts, provisions et amortissements, ou à trois millions d'euros si ce montant est supérieur. Les charges non déduites sont reportables sans limitation de durée, avec une capacité de déduction inemployée reportable cinq ans.

316. Quel est le traitement fiscal des provisions pour indemnités de départ à la retraite ?

Ces provisions ne sont pas déductibles fiscalement en application de l'article 39-1-5° du code général des impôts. Elles doivent être réintégrées au résultat fiscal lors de leur dotation et déduites lors de leur reprise. La charge n'est déductible qu'au moment du versement effectif de l'indemnité au salarié.

317. Comment traite-t-on fiscalement une provision pour créance douteuse ?

La dépréciation est déductible si le risque de non-recouvrement est nettement précisé et probable au regard d'événements en cours à la clôture, tels qu'une procédure collective ou des relances infructueuses. Elle doit être calculée sur le montant hors taxes de la créance et figurer sur le tableau 2056.

318. Quel est le régime des plus-values et moins-values professionnelles à l'impôt sur les sociétés ?

Les plus-values de cession relèvent en principe du régime de droit commun et sont imposées au taux normal. Le régime du long terme subsiste principalement pour les titres de participation détenus depuis au moins deux ans, exonérés sous réserve d'une quote-part de frais et charges de douze pour cent du montant brut.

319. Comment fonctionne le régime des plus-values professionnelles pour une entreprise à l'impôt sur le revenu ?

Les plus-values à court terme, portant sur des biens détenus depuis moins de deux ans ou correspondant aux amortissements déduits, sont imposées au barème et peuvent être étalées sur trois ans. Les plus-values à long terme bénéficient du taux réduit de 12,8 pour cent, majoré des prélèvements sociaux de 17,2 pour cent.

320. Quelles exonérations de plus-values professionnelles existent pour les petites entreprises ?

L'article 151 septies exonère totalement les plus-values lorsque l'activité est exercée depuis au moins cinq ans et que les recettes n'excèdent pas 250 000 euros pour les ventes ou 90 000 euros pour les services, avec exonération partielle jusqu'à 350 000 et 126 000 euros respectivement. D'autres dispositifs visent la transmission d'entreprise.

321. Qu'est-ce que le régime mère-fille et quelles sont ses conditions ?

Le régime mère-fille exonère les dividendes reçus d'une filiale, sous réserve de la réintégration d'une quote-part de frais et charges de cinq pour cent. Il suppose la détention d'au moins cinq pour cent du capital de la filiale, en pleine propriété, et un engagement de conservation des titres pendant deux ans.

322. Comment fonctionne le régime de l'intégration fiscale ?

Une société tête de groupe détenant au moins quatre-vingt-quinze pour cent du capital de ses filiales peut se constituer seule redevable de l'impôt sur les sociétés du groupe. Le résultat d'ensemble est la somme algébrique des résultats individuels, après retraitements destinés à neutraliser les opérations internes. L'option vaut cinq ans et est renouvelable tacitement.

323. Quels sont les principaux avantages de l'intégration fiscale ?

Elle permet la compensation immédiate des bénéfices et des déficits des sociétés du groupe, la neutralisation de certaines opérations internes telles que les abandons de créances et les subventions, ainsi qu'une réduction de la quote-part de frais et charges sur les dividendes intragroupe, ramenée à un pour cent.

324. Comment s'impute un déficit fiscal en régime d'impôt sur les sociétés ?

Le déficit est reportable en avant sans limitation de durée, dans la limite annuelle d'un million d'euros majoré de cinquante pour cent de la fraction du bénéfice excédant ce seuil. Un report en arrière sur le bénéfice de l'exercice précédent est également possible, dans la limite d'un million d'euros, générant une créance sur le Trésor.

325. Quelles sont les modalités du report en arrière des déficits ?

Le carry-back permet d'imputer le déficit de l'exercice sur le bénéfice de l'exercice précédent, dans la limite d'un million d'euros et de la fraction du bénéfice non distribuée. Il fait naître une créance sur le Trésor, utilisable pour payer l'impôt pendant cinq ans puis remboursable. L'option doit être exercée dans le délai de dépôt de la liasse.

326. Comment sont traités les déficits en régime d'impôt sur le revenu ?

Pour une entreprise individuelle relevant des bénéfices industriels et commerciaux professionnels, le déficit s'impute sur le revenu global du foyer, l'excédent étant reportable six ans. Pour une activité non professionnelle, le déficit ne s'impute que sur les bénéfices de même nature des dix années suivantes.

327. Quel est le taux normal de l'impôt sur les sociétés en vigueur ?

Le taux normal est fixé à 25 pour cent depuis les exercices ouverts à compter du 1er janvier 2022. Une contribution sociale additionnelle de

3,3 pour cent s'applique aux entreprises réalisant au moins 7,63 millions d'euros de chiffre d'affaires, sur la fraction d'impôt excédant 763 000 euros.

328. Quelles conditions ouvrent droit au taux réduit d'impôt sur les sociétés ?

Le taux réduit de 15 pour cent s'applique sur les 42 500 premiers euros de bénéfice imposable pour les entreprises dont le chiffre d'affaires hors taxes n'excède pas 10 millions d'euros, dont le capital est entièrement libéré et détenu de manière continue à hauteur d'au moins soixante-quinze pour cent par des personnes physiques.

329. Comment se calculent et se versent les acomptes d'impôt sur les sociétés ?

Quatre acomptes égaux au quart de l'impôt de référence sont versés les 15 mars, 15 juin, 15 septembre et 15 décembre, sur le relevé n° 2571. Aucun acompte n'est dû si l'impôt de référence est inférieur à 3 000 euros ou pour les sociétés nouvelles au titre de leur premier exercice.

330. Quelles sont les modalités de liquidation du solde d'impôt sur les sociétés ?

Le solde est acquitté au moyen du relevé n° 2572, au plus tard le 15 du quatrième mois suivant la clôture. Pour les exercices clos au 31 décembre, l'échéance est fixée au 15 mai. Un excédent de versement donne lieu à restitution dans les trente jours suivant le dépôt du relevé.

331. Qu'est-ce que le crédit d'impôt recherche et quelles dépenses ouvrent droit à cet avantage ?

Le crédit d'impôt recherche est égal à trente pour cent des dépenses de recherche éligibles jusqu'à cent millions d'euros, puis cinq pour cent au-delà. Les dépenses éligibles comprennent les amortissements des équipements de recherche, les dépenses de personnel des chercheurs, les frais de fonctionnement forfaitisés, la sous-traitance agréée et les frais de brevets.

332. Quelles sont les modalités d'utilisation du crédit d'impôt recherche ?

Le crédit s'impute sur l'impôt dû au titre de l'année des dépenses. L'excédent constitue une créance sur l'État utilisable pour le paiement de l'impôt des trois années suivantes, puis remboursable. Les petites et moyennes entreprises, les jeunes entreprises innovantes et les entreprises nouvelles bénéficient d'un remboursement immédiat.

333. Qu'est-ce que le crédit d'impôt innovation et à qui s'adresse-t-il ?

Réservé aux petites et moyennes entreprises au sens communautaire, il vise les dépenses de conception de prototypes ou d'installations pilotes de produits nouveaux. Son taux, ramené à vingt pour cent, s'applique dans la limite de 400 000 euros de dépenses par an. Il obéit aux mêmes règles d'imputation que le crédit d'impôt recherche.

334. Quel est le régime fiscal des jeunes entreprises innovantes ?

Les entreprises créées depuis moins de huit ans, réalisant un volume minimal de dépenses de recherche, bénéficient d'exonérations de cotisations sociales patronales sur les personnels de recherche et, sur délibération des collectivités, d'exonérations de cotisation foncière des entreprises et de taxe foncière. Les avantages ont été resserrés par les lois de finances récentes.

335. Comment traite-t-on fiscalement une subvention d'équipement reçue ?

La subvention est en principe imposable au titre de l'exercice de son attribution. L'article 42 septies du code général des impôts permet d'échelonner l'imposition au rythme de l'amortissement du bien financé pour les biens amortissables, ou par fractions égales sur dix ans pour les biens non amortissables. Cette option doit être expressément exercée.

336. Quel est le traitement fiscal des abandons de créances entre sociétés ?

Les abandons à caractère commercial demeurent déductibles chez le créancier et imposables chez le débiteur. Les abandons à caractère financier ne sont plus déductibles depuis 2012, sauf ceux consentis à une entreprise faisant l'objet d'une procédure de sauvegarde, de redressement ou de liquidation judiciaire, ou d'une conciliation homologuée.

337. Comment sont imposés les revenus de valeurs mobilières de placement d'une société ?

Les dividendes reçus par une société soumise à l'impôt sur les sociétés sont imposables au taux normal, sauf application du régime mère-fille. Les plus-values de cession de valeurs mobilières de placement relèvent du court terme et sont imposées au taux normal, sans distinction de durée de détention.

338. Quelles sont les obligations documentaires en matière de prix de transfert ?

Les entreprises dont le chiffre d'affaires ou l'actif brut atteint 150 millions d'euros doivent tenir à disposition une documentation complète comprenant un fichier principal et un fichier local. Un allègement, la déclaration 2257-SD, s'applique dès 50 millions d'euros. Le défaut de documentation expose à une amende pouvant atteindre 50 000 euros par exercice.

339. Qu'est-ce que la déclaration pays par pays et quelles entreprises y sont soumises ?

Les groupes réalisant un chiffre d'affaires consolidé d'au moins 750 millions d'euros doivent déposer une déclaration pays par pays détaillant la répartition des bénéfices, des impôts et des activités par juridiction. Elle est transmise dans les douze mois de la clôture et échangée automatiquement entre administrations fiscales.

340. Comment détermine-t-on la valeur ajoutée servant de base à la CVAE ?

La valeur ajoutée fiscale se calcule à partir du chiffre d'affaires majoré de certains produits et diminué des achats, des services extérieurs et de certaines charges, selon une définition légale distincte de la valeur ajoutée comptable. Elle est plafonnée à un pourcentage du chiffre d'affaires, fixé à quatre-vingts ou quatre-vingt-cinq pour cent selon le niveau de recettes.

341. Où en est la suppression progressive de la CVAE ?

La cotisation sur la valeur ajoutée des entreprises fait l'objet d'une suppression échelonnée, plusieurs fois reportée par les lois de finances successives, avec une réduction graduelle des taux avant disparition complète. Compte tenu de ces reports, il est indispensable de vérifier le taux applicable à l'exercice concerné avant tout calcul.

342. Comment déclare-t-on et paie-t-on la CVAE ?

La déclaration de valeur ajoutée et d'effectifs 1330-CVAE est déposée avec la liasse fiscale. Les entreprises dont la cotisation excède 1 500 euros versent deux acomptes en juin et septembre, puis liquident le solde sur la déclaration 1329-DEF au plus tard le deuxième jour ouvré suivant le 1er mai.

343. Quelles sont les principales caractéristiques de la cotisation foncière des entreprises ?

Elle est assise sur la valeur locative des biens immobiliers utilisés par l'entreprise, avec une cotisation minimum fixée par la commune selon le chiffre d'affaires. Les entreprises nouvelles en sont exonérées la première année et bénéficient d'une réduction de moitié de la base la deuxième année.

Chapitre 10 — Liasse fiscale, obligations déclaratives et régimes d'imposition

344. Qu'est-ce que la liasse fiscale et de quoi se compose-t-elle ?

La liasse fiscale est l'ensemble des documents transmis à l'administration pour déterminer le résultat imposable. Au régime réel normal, elle comprend la déclaration 2065 pour l'impôt sur les sociétés ou 2031 pour les bénéfices industriels et commerciaux, accompagnée des tableaux annexes 2050 à 2059-G formant la série 2050.

345. Que contiennent respectivement les tableaux 2050 à 2053 ?

Les tableaux 2050 et 2051 présentent l'actif et le passif du bilan, les tableaux 2052 et 2053 le compte de résultat en liste. Ils doivent reprendre exactement les comptes annuels approuvés, sans retraitement fiscal, ces derniers figurant exclusivement sur les tableaux 2058 et suivants.

346. Quel est l'objet du tableau 2058-A ?

Le tableau 2058-A assure le passage du résultat comptable au résultat fiscal en détaillant les réintégrations et les déductions extra-comptables. Il aboutit au résultat fiscal avant imputation des déficits, puis au résultat fiscal net. Son exactitude conditionne la régularité de l'ensemble de la déclaration.

347. À quoi sert le tableau 2058-B ?

Il retrace le suivi des déficits reportables et des amortissements réputés différés, ainsi que les indemnités pour congés à payer et les charges à payer non déductibles. Il permet à l'administration de contrôler l'imputation des déficits antérieurs et le respect du plafonnement annuel du report en avant.

348. Quelles informations figurent sur le tableau 2059-A ?

Ce tableau détermine les plus-values et moins-values réalisées au cours de l'exercice, en distinguant le court terme et le long terme selon la nature du bien et la durée de détention. Il indique la valeur d'origine, les amortissements pratiqués, la valeur nette comptable, le prix de cession et le résultat correspondant.

349. Quel est le contenu du tableau 2058-C ?

Ce tableau retrace l'affectation du résultat de l'exercice précédent et la composition des capitaux propres, en cohérence avec les décisions de l'assemblée générale. Il permet à l'administration de vérifier la continuité des capitaux propres et de contrôler les distributions de dividendes soumises à prélèvements.

350. Quels sont les délais de dépôt de la liasse fiscale ?

Pour les exercices clos le 31 décembre, la liasse doit être déposée au plus tard le deuxième jour ouvré suivant le 1er mai, avec un délai supplémentaire de quinze jours pour les téléprocédures. Pour les exercices clos en cours d'année, le dépôt intervient dans les trois mois de la clôture.

351. Comment s'effectue la transmission de la liasse fiscale à l'administration ?

La transmission est obligatoirement dématérialisée, par la procédure EDI-TDFC via un partenaire agréé, ou par la procédure EFI depuis l'espace professionnel du site impots.gouv.fr pour certaines entreprises. Le non-respect de l'obligation de télétransmission est sanctionné par une majoration de 0,2 pour cent des sommes dues.

352. Quels tableaux composent la liasse au régime réel simplifié ?

La liasse simplifiée comprend la déclaration 2031 ou 2065 accompagnée des tableaux 2033-A à 2033-G. Ces tableaux présentent un bilan et un compte de résultat simplifiés, l'état des immobilisations et des amortissements, le relevé des provisions, ainsi que la détermination du résultat fiscal et des plus ou moins-values.

353. Quelles sont les caractéristiques du régime micro-BIC ?

Le régime micro s'applique lorsque le chiffre d'affaires n'excède pas 188 700 euros pour les ventes et 77 700 euros pour les prestations de services. Le bénéfice imposable résulte de l'application d'un abattement forfaitaire de 71 ou 50 pour cent, sans possibilité de déduire les charges réelles. Le contribuable déclare son chiffre d'affaires sur la déclaration 2042-C-PRO.

354. Comment fonctionne le versement libératoire de l'impôt sur le revenu du micro-entrepreneur ?

Sur option, le micro-entrepreneur acquitte l'impôt sur le revenu en même temps que ses cotisations sociales, à un taux de un pour cent pour les ventes, 1,7 pour cent pour les prestations commerciales et 2,2 pour cent pour les activités libérales. L'option est subordonnée à une condition de revenu fiscal de référence du foyer.

355. Quelles sont les principales différences entre bénéfices industriels et commerciaux et bénéfices non commerciaux ?

Les bénéfices industriels et commerciaux concernent les activités commerciales, industrielles et artisanales, imposées selon une comptabilité d'engagement. Les bénéfices non commerciaux visent les professions libérales et sont déterminés en principe selon une comptabilité de trésorerie, sur la base des recettes encaissées et des dépenses payées.

356. Quel est le régime de la déclaration contrôlée pour les bénéfices non commerciaux ?

Il s'applique au-delà de 77 700 euros de recettes ou sur option. Le contribuable dépose la déclaration 2035 accompagnée de ses annexes, tient un livre-journal des recettes et dépenses et un registre des immobilisations. Il peut opter pour la détermination du résultat selon les créances acquises et les dettes engagées.

357. Comment fonctionne le régime des sociétés de personnes en matière d'impôt ?

Les sociétés de personnes non soumises à l'impôt sur les sociétés sont fiscalement transparentes : le résultat est déterminé au niveau de la société puis imposé entre les mains de chaque associé, à proportion de ses droits, dans la catégorie correspondant à la nature de l'activité et au statut de l'associé.

358. Une société de personnes peut-elle opter pour l'impôt sur les sociétés ?

Oui, les sociétés en nom collectif, sociétés civiles, entreprises unipersonnelles à responsabilité limitée et entrepreneurs individuels peuvent opter pour l'impôt sur les sociétés. Depuis 2019, cette option est révocable jusqu'au cinquième exercice suivant celui de son exercice ; passé ce délai, elle devient irrévocable.

359. Quelles conséquences emporte le changement de régime fiscal d'une société ?

Le passage de l'impôt sur le revenu à l'impôt sur les sociétés entraîne en principe les conséquences d'une cessation d'entreprise, avec imposition immédiate des bénéfices et des plus-values latentes. Un régime d'atténuation permet d'éviter cette taxation si aucune modification n'est apportée aux écritures comptables et si l'imposition reste possible ultérieurement.

360. Quelles sont les obligations déclaratives d'une société civile immobilière non soumise à l'impôt sur les sociétés ?

Elle dépose une déclaration 2072 récapitulant les revenus fonciers et leur répartition entre associés, chacun reportant sa quote-part sur sa déclaration personnelle. Si elle relève de l'impôt sur les sociétés, elle dépose une déclaration 2065 et une liasse complète, avec amortissement des immeubles.

361. Qu'est-ce que la déclaration récapitulative des honoraires et commissions ?

Les entreprises versant des honoraires, commissions, courtages ou droits d'auteur doivent les déclarer annuellement. Cette obligation, autrefois assurée par la déclaration DAS 2, est aujourd'hui intégrée à la déclaration sociale nominative ou à la déclaration PASRAU. Le défaut de déclaration est sanctionné par une amende proportionnelle.

362. Quelles sont les obligations liées à la déclaration sociale nominative ?

La DSN est une déclaration mensuelle unique transmise à partir du logiciel de paie, qui remplace la plupart des déclarations sociales. Elle sert au calcul des cotisations, au prélèvement à la source et à l'ouverture des droits des salariés. Elle est transmise au plus tard le 5 ou le 15 du mois suivant selon l'effectif.

363. Comment se déclare et se paie la taxe sur les salaires ?

La taxe sur les salaires est due par les employeurs non soumis à la TVA sur au moins quatre-vingt-dix pour cent de leur chiffre d'affaires. Elle est calculée par tranches sur les rémunérations et déclarée sur le formulaire 2501 mensuellement ou trimestriellement, avec régularisation annuelle sur la déclaration 2502.

364. Quelles sont les principales taxes assises sur les salaires en dehors des cotisations ?

On distingue la taxe d'apprentissage, la contribution à la formation professionnelle, la contribution au dialogue social et la participation à l'effort de construction pour les entreprises d'au moins cinquante salariés. Depuis 2022, leur recouvrement est assuré par l'URSSAF via la déclaration sociale nominative.

365. Qu'est-ce que la contribution unique à la formation professionnelle et à l'alternance ?

Elle regroupe la contribution à la formation professionnelle et la part principale de la taxe d'apprentissage. Elle est recouvrée mensuellement par l'URSSAF sur la base de la masse salariale, puis reversée à France compétences. Le solde de la taxe d'apprentissage est acquitté annuellement via la plateforme SOLTéA.

366. Quelles sont les principales obligations fiscales locales d'une entreprise ?

L'entreprise doit déposer une déclaration initiale 1447-C lors de sa création et des déclarations modificatives 1447-M en cas de changement, acquitter la cotisation foncière des entreprises en décembre avec un acompte en juin, et déclarer sa valeur ajoutée pour la cotisation sur la valeur ajoutée des entreprises.

367. Comment se déclare la taxe foncière sur les propriétés bâties pour une entreprise ?

La taxe foncière est établie d'office par l'administration à partir de la valeur locative cadastrale, sans déclaration annuelle. Toute construction nouvelle, addition ou changement d'affectation doit être déclarée dans les quatre-vingt-dix jours de l'achèvement. Elle constitue une charge déductible du résultat imposable.

368. Quelles obligations déclaratives concernent les locaux professionnels ?

Les propriétaires de locaux d'habitation doivent déclarer l'occupation de leurs biens sur le service Gérer mes biens immobiliers. Les exploitants de locaux professionnels doivent signaler les changements de consistance ou d'affectation. Ces déclarations conditionnent l'établissement correct des taxes foncières et de la cotisation foncière des entreprises.

369. Quelles sont les principales taxes environnementales pesant sur les entreprises ?

On relève la taxe générale sur les activités polluantes, les accises sur les énergies remplaçant les anciennes taxes intérieures de consommation, ainsi que les taxes sur l'affectation de véhicules à des fins économiques. Certaines sont déclarées sur l'annexe à la déclaration de TVA, d'autres sur des formulaires spécifiques.

370. Quelles sont les obligations relatives à la déclaration des comptes bancaires détenus à l'étranger ?

Toute personne physique ou morale domiciliée en France doit déclarer les références des comptes ouverts, détenus, utilisés ou clos à l'étranger, sur le formulaire 3916. Le défaut de déclaration est sanctionné par une amende de 1 500 euros par compte, portée à 10 000 euros pour les États non coopératifs.

371. Comment fonctionne le rescrit fiscal et quelles sont ses différentes formes ?

Le rescrit permet d'interroger l'administration sur l'application d'un texte à une situation de fait. La réponse expresse ou tacite l'engage. Il existe des rescrits généraux, mais aussi des rescrits spécifiques portant sur le crédit d'impôt recherche, les entreprises nouvelles, les jeunes entreprises innovantes, la valeur d'une entreprise transmise et l'établissement stable.

372. Qu'est-ce que la procédure de régularisation en cours de contrôle ?

L'article L. 62 du livre des procédures fiscales permet au contribuable de régulariser spontanément les erreurs relevées pendant une vérification, en contrepartie d'une réduction de l'intérêt de retard à soixante-dix pour cent de son montant. La demande doit être présentée dans les trente jours de la proposition et le paiement effectué selon l'échéancier convenu.

Chapitre 11 — Contrôle fiscal, contentieux et fiscalité des personnes

373. Quelles sont les différentes formes de contrôle fiscal ?

On distingue le contrôle sur pièces, réalisé depuis le bureau à partir des déclarations, la vérification de comptabilité sur place, l'examen de comptabilité à distance à partir du fichier des écritures comptables, et l'examen contradictoire de la situation fiscale personnelle pour les particuliers.

374. Quels sont les droits du contribuable lors d'une vérification de comptabilité ?

Il doit recevoir un avis de vérification mentionnant les années contrôlées et la faculté de se faire assister d'un conseil, ainsi que la charte des droits et obligations du contribuable vérifié. Le débat oral et contradictoire est obligatoire, et l'administration ne peut emporter les documents sans autorisation écrite.

375. Quelle est la durée maximale d'une vérification de comptabilité dans une petite entreprise ?

Pour les entreprises dont le chiffre d'affaires n'excède pas 840 000 euros pour les ventes ou 254 000 euros pour les services, la vérification sur place ne peut excéder trois mois, sauf exceptions telles que la comptabilité irrégulière ou l'existence d'une activité occulte. Ce délai protège l'entreprise contre les contrôles prolongés.

376. Quel est le délai général de reprise de l'administration fiscale ?

Le délai de reprise expire à la fin de la troisième année suivant celle au titre de laquelle l'imposition est due, pour l'impôt sur le revenu, l'impôt sur les sociétés et la TVA. Il est porté à dix ans en cas d'activité occulte et à six ans pour certains impôts sans obligation déclarative annuelle.

377. Qu'est-ce que la proposition de rectification et quels sont ses effets ?

C'est le document par lequel l'administration notifie les redressements envisagés, en indiquant les motifs de droit et de fait, les montants et les pénalités. Elle interrompt la prescription et ouvre au contribuable un délai de trente jours, prorogeable de trente jours sur demande, pour présenter ses observations.

378. Quelles sont les principales pénalités fiscales et leurs taux ?

L'intérêt de retard s'élève à 0,20 pour cent par mois. La majoration est de 10 pour cent en cas de retard simple, 40 pour cent en cas de manquement délibéré ou de dépôt tardif après mise en demeure, et 80 pour cent en cas d'abus de droit, de manœuvres frauduleuses ou d'activité occulte.

379. Qu'est-ce que l'abus de droit fiscal ?

L'abus de droit vise les actes fictifs ou les montages recherchant le bénéfice d'une application littérale des textes à l'encontre des objectifs de leurs auteurs, dans un but exclusivement fiscal. Depuis 2020, un mini-abus de droit sanctionne également les montages à but principalement fiscal, avec des pénalités de droit commun.

380. Quelles voies de recours s'offrent au contribuable après un redressement ?

Il peut solliciter un entretien avec le supérieur hiérarchique puis l'interlocuteur départemental, saisir la commission des impôts directs et des taxes sur le chiffre d'affaires pour les questions de fait, déposer une réclamation contentieuse et, en cas de rejet, saisir le tribunal administratif ou judiciaire selon l'impôt.

381. Dans quels délais peut-on déposer une réclamation contentieuse ?

La réclamation doit être présentée au plus tard le 31 décembre de la deuxième année suivant celle de la mise en recouvrement ou du versement de l'impôt contesté. En cas de rehaussement, le contribuable bénéficie d'un délai spécial expirant le 31 décembre de la troisième année suivant celle de la proposition de rectification.

382. Qu'est-ce que le sursis de paiement et quelles garanties suppose-t-il ?

Le sursis, demandé dans la réclamation, suspend l'exigibilité de l'impôt contesté. Au-delà de 4 500 euros, le contribuable doit constituer des garanties telles qu'une caution bancaire, un nantissement ou une hypothèque. À défaut, le comptable public peut prendre des mesures conservatoires sans procéder au recouvrement forcé.

383. Quel est le rôle de la commission des impôts directs et des taxes sur le chiffre d'affaires ?

Cette commission départementale rend un avis consultatif sur les désaccords portant sur des questions de fait, notamment le montant du résultat, la valeur vénale de biens ou le caractère anormal d'un acte de gestion. Elle ne peut se prononcer sur les questions de droit. Sa saisine suspend la mise en recouvrement.

384. Comment fonctionne la relation de confiance entre entreprises et administration fiscale ?

Le partenariat fiscal permet aux grandes entreprises volontaires d'obtenir un accompagnement continu et des prises de position formelles en amont. L'accompagnement fiscal personnalisé s'adresse aux petites et moyennes entreprises. Ces dispositifs, issus de la loi pour un État au service d'une société de confiance, visent à sécuriser les positions fiscales.

385. Qu'est-ce que le droit à l'erreur institué par la loi ESSOC ?

La loi du 10 août 2018 permet à un contribuable de bonne foi de régulariser spontanément une erreur sans encourir de sanction, l'intérêt de retard étant réduit de moitié en cas de rectification spontanée et de trente pour cent en cours de contrôle. Ce droit ne s'applique ni aux fraudes ni aux récidives.

386. Quelles sont les modalités d'imposition des dividendes perçus par une personne physique ?

Les dividendes sont soumis au prélèvement forfaitaire unique de trente pour cent, comprenant 12,8 pour cent d'impôt sur le revenu et 17,2 pour cent de prélèvements sociaux. Le contribuable peut opter globalement pour le barème progressif, avec application d'un abattement de quarante pour cent sur le montant brut.

387. Comment est imposée la rémunération d'un gérant majoritaire de société à responsabilité limitée ?

Elle est imposée dans la catégorie des rémunérations de l'article 62 du code général des impôts, selon les règles des traitements et salaires, avec application de la déduction forfaitaire de dix pour cent ou des frais réels. Sur le plan social, le gérant majoritaire relève du régime des travailleurs indépendants.

388. Quelle est la différence de traitement social entre gérant majoritaire et président de société par actions simplifiée ?

Le gérant majoritaire relève du régime des travailleurs non salariés, avec des cotisations plus faibles mais une protection sociale moindre. Le président de société par actions simplifiée est assimilé salarié et relève du régime général, avec des cotisations plus élevées mais une couverture plus complète, hors assurance chômage.

389. Comment sont imposées les plus-values de cession de titres réalisées par un particulier ?

Elles sont soumises au prélèvement forfaitaire unique de trente pour cent. Sur option pour le barème progressif, les titres acquis avant 2018 peuvent bénéficier d'abattements pour durée de détention. Des dispositifs spécifiques s'appliquent aux dirigeants partant à la retraite, sous forme d'un abattement fixe sous conditions.

390. Qu'est-ce que le pacte Dutreil et quel avantage procure-t-il ?

Le pacte Dutreil permet d'exonérer de droits de mutation à titre gratuit soixante-quinze pour cent de la valeur des titres transmis d'une société exerçant une activité opérationnelle. Il suppose un engagement collectif de conservation d'au moins deux ans, puis un engagement individuel de quatre ans, et l'exercice d'une fonction de direction.

391. Quelles sont les conséquences fiscales d'une cessation d'activité ?

La cessation entraîne l'imposition immédiate des bénéfices non encore taxés, des bénéfices en sursis d'imposition et des plus-values latentes sur les éléments d'actif. Les déclarations doivent être déposées dans les soixante jours, ou quarante-cinq jours en cas de cessation d'une activité non commerciale. Des régimes d'exonération peuvent s'appliquer.

392. Quelles obligations fiscales accompagnent une liquidation de société ?

La société doit déposer une déclaration de résultat de liquidation dans les soixante jours, acquitter l'impôt correspondant, procéder aux régularisations de TVA sur les biens conservés, et déclarer le boni de liquidation qui est imposé chez les associés comme un revenu distribué. Les formalités de radiation clôturent la procédure.

TROISIÈME PARTIE — CCP 3 : ÉTABLIR ET PRÉSENTER DES ÉTATS PRÉVISIONNELS DE L'ACTIVITÉ

Chapitre 12 — Analyse de l'activité, de la structure financière et de la rentabilité

393. Qu'est-ce que le tableau des soldes intermédiaires de gestion ?

Il décompose la formation du résultat en soldes successifs permettant d'analyser la performance : marge commerciale, production de l'exercice, valeur ajoutée, excédent brut d'exploitation, résultat d'exploitation, résultat courant avant impôts et résultat net. Chaque solde éclaire une étape de la création de richesse par l'entreprise.

394. Comment se calcule la marge commerciale et que mesure-t-elle ?

La marge commerciale est égale aux ventes de marchandises diminuées du coût d'achat des marchandises vendues, lui-même égal aux achats de marchandises corrigés de la variation de stock. Elle mesure la performance de l'activité de négoce et son évolution reflète la politique de prix et le pouvoir de négociation avec les fournisseurs.

395. Qu'est-ce que la valeur ajoutée et comment se calcule-t-elle ?

La valeur ajoutée est égale à la marge commerciale augmentée de la production de l'exercice, diminuée des consommations en provenance de tiers, soit les achats de matières corrigés des variations de stock et les autres charges externes. Elle mesure la richesse créée par l'entreprise et sert à rémunérer les facteurs de production.

396. Comment la valeur ajoutée se répartit-elle entre les partenaires de l'entreprise ?

Elle rémunère le personnel par les salaires et charges sociales, l'État par les impôts et taxes, les prêteurs par les charges financières, les associés par les dividendes et l'entreprise elle-même par l'autofinancement. L'analyse de cette répartition révèle le modèle économique et les tensions éventuelles entre parties prenantes.

397. Qu'est-ce que l'excédent brut d'exploitation et pourquoi est-il central ?

L'excédent brut d'exploitation est égal à la valeur ajoutée augmentée des subventions d'exploitation et diminuée des impôts et taxes et des charges de personnel. Il mesure la performance économique indépendamment de la politique d'amortissement, de financement et de la fiscalité, ce qui en fait l'indicateur privilégié des comparaisons intersectorielles.

398. Quelle différence entre résultat d'exploitation et résultat courant ?

Le résultat d'exploitation intègre les dotations aux amortissements et provisions ainsi que les autres charges et produits d'exploitation. Le résultat courant y ajoute le résultat financier. Depuis la suppression du résultat exceptionnel par le règlement ANC n° 2022-06, le résultat courant se rapproche du résultat avant impôt.

399. Comment se calcule la capacité d'autofinancement par la méthode soustractive ?

On part de l'excédent brut d'exploitation, auquel on ajoute les autres produits encaissables et les produits financiers encaissables, et duquel on retranche les autres charges décaissables, les charges financières décaissables, la participation des salariés et l'impôt sur les bénéfices. On obtient le flux potentiel de trésorerie généré par l'activité.

400. Comment se calcule la capacité d'autofinancement par la méthode additive ?

On part du résultat net de l'exercice, auquel on ajoute les dotations aux amortissements, dépréciations et provisions et la valeur comptable des éléments d'actif cédés, et duquel on retranche les reprises, les produits de cession d'éléments d'actif et la quote-part de subvention virée au résultat.

401. Qu'est-ce que l'autofinancement et comment se distingue-t-il de la capacité d'autofinancement ?

L'autofinancement est égal à la capacité d'autofinancement diminuée des dividendes versés au cours de l'exercice. Il représente la part de la richesse générée effectivement conservée par l'entreprise pour financer ses investissements et rembourser ses dettes. C'est le véritable indicateur de la ressource interne disponible.

402. Quelle est la structure du bilan fonctionnel ?

Le bilan fonctionnel classe les emplois et ressources selon les cycles d'investissement, de financement et d'exploitation. Il comprend les emplois stables et les ressources durables pour le cycle long, l'actif et le passif circulants d'exploitation et hors exploitation, et la trésorerie active et passive. Les actifs y figurent en valeurs brutes.

403. Comment calcule-t-on le fonds de roulement net global ?

Le fonds de roulement net global est égal aux ressources durables diminuées des emplois stables. Les ressources durables comprennent les capitaux propres augmentés des amortissements et dépréciations et des dettes financières hors concours bancaires courants. Un fonds de roulement positif signifie que les investissements sont financés par des ressources stables.

404. Qu'est-ce que le besoin en fonds de roulement et comment se calcule-t-il ?

Le besoin en fonds de roulement est égal à l'actif circulant diminué du passif circulant, hors trésorerie. Il traduit le besoin de financement engendré par le décalage entre les décaissements liés aux achats et aux stocks et les encaissements liés aux ventes. On le décompose en besoin d'exploitation et hors exploitation.

405. Quelle relation lie fonds de roulement, besoin en fonds de roulement et trésorerie ?

La trésorerie nette est égale au fonds de roulement net global diminué du besoin en fonds de roulement. Cette relation fondamentale montre qu'une trésorerie négative résulte soit d'une insuffisance de ressources stables, soit d'un besoin d'exploitation excessif, ce qui oriente les mesures correctrices à envisager.

406. Quels leviers permettent de réduire le besoin en fonds de roulement ?

On peut réduire les délais de règlement clients par des relances et de l'escompte, allonger les délais fournisseurs dans les limites légales, optimiser la rotation des stocks, recourir à l'affacturage ou à la mobilisation de créances, et supprimer les encours inutiles. Chaque levier a un coût qu'il faut comparer au gain de trésorerie.

407. Quelles sont les règles légales encadrant les délais de paiement entre entreprises ?

Le délai convenu ne peut excéder soixante jours à compter de la date d'émission de la facture, ou quarante-cinq jours fin de mois si cette dérogation est expressément stipulée. Des délais spécifiques existent pour certains secteurs. Le dépassement expose à une amende administrative pouvant atteindre deux millions d'euros pour une personne morale.

408. Comment se calcule le délai moyen de règlement des clients ?

On rapporte le poste clients et comptes rattachés, effets escomptés non échus inclus, au chiffre d'affaires toutes taxes comprises, le tout multiplié par trois cent soixante jours. Ce ratio doit être comparé aux conditions générales de vente et aux pratiques du secteur pour apprécier la qualité du recouvrement.

409. Comment se calcule le délai moyen de règlement des fournisseurs ?

On rapporte le poste fournisseurs et comptes rattachés aux achats et autres charges externes toutes taxes comprises, multiplié par trois cent soixante jours. Un allongement anormal peut révéler des tensions de trésorerie et constitue un indicateur d'alerte suivi de près par les organismes de notation financière.

410. Comment mesure-t-on la rotation des stocks ?

Pour une activité de négoce, on rapporte le stock moyen de marchandises au coût d'achat des marchandises vendues, multiplié par trois cent soixante jours, ce qui donne la durée moyenne de stockage. On peut également calculer un coefficient de rotation en divisant le coût d'achat par le stock moyen.

411. Qu'est-ce que le ratio d'autonomie financière et comment l'interpréter ?

Il rapporte les capitaux propres à l'ensemble des ressources ou aux dettes financières. Un ratio supérieur à un, ou des capitaux propres représentant au moins un tiers du passif, traduit une bonne indépendance. Les banques utilisent fréquemment un plafond d'endettement égal à une fois les capitaux propres.

412. Qu'est-ce que la capacité de remboursement et comment l'apprécier ?

Elle se mesure en rapportant les dettes financières à la capacité d'autofinancement, ce qui donne le nombre d'années théoriquement nécessaires pour rembourser l'endettement. Les établissements de crédit considèrent généralement qu'un ratio supérieur à trois ou quatre années traduit un endettement excessif.

413. Comment analyse-t-on la liquidité d'une entreprise ?

On calcule le ratio de liquidité générale en rapportant l'actif circulant aux dettes à moins d'un an, le ratio de liquidité réduite en excluant les stocks, et le ratio de liquidité immédiate en ne retenant que les disponibilités. Ces ratios apprécient la capacité à honorer les échéances à court terme.

414. Qu'est-ce que la rentabilité économique et comment la calcule-t-on ?

La rentabilité économique rapporte le résultat d'exploitation après impôt à l'actif économique, somme des immobilisations d'exploitation et du besoin en fonds de roulement. Elle mesure l'efficacité de l'outil de production indépendamment du mode de financement, ce qui permet de comparer des entreprises aux structures financières différentes.

415. Qu'est-ce que la rentabilité financière et que mesure-t-elle ?

La rentabilité financière rapporte le résultat net aux capitaux propres. Elle mesure le rendement obtenu par les associés sur les fonds qu'ils ont engagés. Elle dépend à la fois de la rentabilité économique, du coût de la dette et du niveau d'endettement, selon la formule de l'effet de levier.

416. Comment fonctionne l'effet de levier financier ?

Lorsque la rentabilité économique excède le coût de la dette, l'endettement amplifie la rentabilité financière : c'est l'effet de levier. Dans le cas inverse, il joue en sens contraire et devient un effet de massue. La formule exprime la rentabilité financière comme la rentabilité économique majorée du différentiel multiplié par le rapport dettes sur capitaux propres.

417. Qu'est-ce que le tableau de financement du plan comptable général ?

Le tableau de financement explique le passage du bilan d'ouverture au bilan de clôture. Sa première partie recense les emplois et ressources stables et détermine la variation du fonds de roulement net global. Sa seconde partie analyse l'utilisation de cette variation entre besoin en fonds de roulement et trésorerie.

418. Quelle différence entre tableau de financement et tableau des flux de trésorerie ?

Le tableau de financement raisonne en termes de fonds de roulement et de variations de postes de bilan. Le tableau des flux de trésorerie, recommandé par l'ANC, classe les flux en trois catégories, activité, investissement et financement, et explique directement la variation de la trésorerie, ce qui le rend plus lisible pour les analystes.

419. Comment se structure un tableau des flux de trésorerie ?

Il présente le flux net de trésorerie généré par l'activité, obtenu à partir du résultat corrigé des éléments non monétaires et de la variation du besoin en fonds de roulement, puis le flux lié aux opérations d'investissement, enfin le flux lié aux opérations de financement. La somme explique la variation de la trésorerie.

420. Qu'est-ce que le free cash flow et pourquoi l'utilise-t-on ?

Le flux de trésorerie disponible correspond au flux généré par l'activité diminué des investissements nécessaires au maintien de l'outil de production. Il mesure la trésorerie réellement disponible pour rembourser les dettes et rémunérer les actionnaires. Il constitue la base de nombreuses méthodes d'évaluation d'entreprise.

421. Quels sont les principaux indicateurs de la méthode des scores ?

Les fonctions score, comme celle de la Banque de France, combinent plusieurs ratios pondérés relatifs à la structure financière, à la rentabilité et au comportement de paiement, pour aboutir à une note synthétique de risque de défaillance. Elles constituent un outil d'alerte précoce mais ne dispensent pas d'une analyse qualitative.

422. Quels sont les signaux d'alerte d'une dégradation financière ?

On surveille l'érosion des marges, l'allongement des délais clients, l'augmentation des encours fournisseurs échus, la dégradation de la trésorerie nette, l'utilisation permanente du découvert, les incidents de paiement, la baisse de la capacité d'autofinancement et les capitaux propres devenant inférieurs à la moitié du capital.

423. Qu'est-ce que la procédure d'alerte du commissaire aux comptes ?

Lorsqu'il relève des faits de nature à compromettre la continuité de l'exploitation, le commissaire aux comptes engage une procédure en plusieurs phases : information du dirigeant, puis de l'organe collégial, puis de l'assemblée générale, et enfin du président du tribunal. Chaque étape est encadrée par des délais stricts.

424. Quelles procédures préventives s'offrent à une entreprise en difficulté ?

Le mandat ad hoc et la conciliation sont des procédures confidentielles et amiables permettant de négocier avec les créanciers sous l'égide d'un tiers désigné par le tribunal. La procédure de sauvegarde, ouverte avant la cessation des paiements, permet de geler le passif tout en poursuivant l'activité.

425. Qu'est-ce que la cessation des paiements et quelles obligations en découlent ?

La cessation des paiements est l'impossibilité de faire face au passif exigible avec l'actif disponible. Le dirigeant doit en déclarer l'état au greffe dans les quarante-cinq jours, sauf demande de conciliation. Le défaut de déclaration peut entraîner une sanction personnelle telle que l'interdiction de gérer.

426. Comment mesure-t-on la productivité du personnel dans l'analyse d'activité ?

On rapporte la valeur ajoutée à l'effectif moyen pour obtenir la valeur ajoutée par salarié, et les charges de personnel à la valeur ajoutée pour mesurer le taux de partage. On peut également rapporter le chiffre d'affaires à l'effectif. Ces indicateurs doivent être comparés aux moyennes sectorielles.

427. Quels retraitements l'analyse financière impose-t-elle habituellement ?

On retraite le crédit-bail en l'assimilant à une immobilisation financée par emprunt, le personnel intérimaire en charges de personnel, les effets escomptés non échus en créances et concours bancaires, ainsi que les subventions d'investissement et les provisions réglementées en ressources propres. Ces retraitements améliorent la comparabilité entre entreprises.

Chapitre 13 — Comptabilité de gestion et analyse des coûts

428. Quelle est la finalité de la comptabilité de gestion ?

La comptabilité de gestion vise à éclairer les décisions internes en calculant des coûts, en analysant les marges par produit ou activité, en évaluant les stocks et en fournissant des éléments de contrôle des performances. Elle est libre dans ses méthodes et n'obéit à aucune obligation légale de forme.

429. Comment distingue-t-on charges directes et charges indirectes

Une charge directe est affectée sans ambiguïté à un coût déterminé, comme la matière première entrant dans un produit. Une charge indirecte concerne plusieurs coûts et doit être répartie selon une clé conventionnelle. La proportion de charges indirectes conditionne la complexité du système de calcul.

430. Qu'est-ce qu'une charge supplétive et une charge non incorporable ?

Les charges supplétives ne figurent pas en comptabilité générale mais sont intégrées dans les coûts, comme la rémunération théorique de l'exploitant ou des capitaux propres. Les charges non incorporables sont enregistrées en comptabilité mais écartées du calcul des coûts en raison de leur caractère anormal ou étranger à l'exploitation.

431. Comment fonctionne la méthode des coûts complets par centres d'analyse ?

Les charges indirectes sont d'abord réparties entre centres d'analyse principaux et auxiliaires selon des clés, puis les centres auxiliaires sont déversés sur les centres principaux. Le coût de chaque centre principal est ensuite imputé aux produits proportionnellement à une unité d'œuvre représentative de son activité.

432. Qu'est-ce qu'une unité d'œuvre et comment la choisir ?

L'unité d'œuvre est l'unité de mesure de l'activité d'un centre d'analyse, servant à imputer son coût aux produits. On retient l'heure de main-d'œuvre directe, l'heure machine, la quantité de matière consommée ou un taux de frais. Elle doit être corrélée à la consommation réelle de ressources par le centre.

433. Comment traite-t-on les prestations réciproques entre centres auxiliaires ?

Lorsque deux centres auxiliaires se rendent mutuellement des services, la répartition secondaire nécessite la résolution d'un système d'équations à autant d'inconnues que de centres concernés. Cette méthode dite des prestations croisées garantit la cohérence de la répartition avant l'imputation aux centres principaux.

434. Qu'est-ce que la méthode ABC et en quoi diffère-t-elle des coûts complets classiques ?

La méthode des coûts par activités identifie les activités consommatrices de ressources et impute leurs coûts aux produits selon des inducteurs représentant les causes réelles de consommation. Elle évite les subventionnements croisés entre produits engendrés par des clés volumiques et convient aux structures à forte proportion de charges indirectes.

435. Comment se calcule un coût de revient complet ?

On additionne successivement le coût d'achat des matières consommées, le coût de production des produits vendus et le coût hors production, comprenant la distribution et l'administration. La différence entre le prix de vente et le coût de revient constitue le résultat analytique du produit considéré.

436. Qu'est-ce que la méthode du coût variable et à quoi sert-elle ?

La méthode du coût variable, ou direct costing, n'impute aux produits que les charges variables, les charges fixes étant traitées globalement comme des charges de période. Elle permet de calculer une marge sur coût variable par produit et d'orienter les décisions d'abandon, de sous-traitance ou de développement d'une gamme.

437. Comment se calcule et s'interprète le seuil de rentabilité ?

Le seuil de rentabilité est le chiffre d'affaires pour lequel le résultat est nul. Il s'obtient en divisant les charges fixes par le taux de marge sur coût variable. Il indique le niveau d'activité minimal à atteindre pour couvrir l'ensemble des charges et constitue un indicateur clé de la sécurité de l'exploitation.

438. Qu'est-ce que le point mort et comment le déterminer ?

Le point mort est la date à laquelle le seuil de rentabilité est atteint dans l'année. Il s'obtient en multipliant le rapport du seuil de rentabilité sur le chiffre d'affaires annuel par trois cent soixante jours ou douze mois. Un point mort tardif traduit une structure de charges fixes lourde.

439. Comment se calcule la marge de sécurité et l'indice de sécurité ?

La marge de sécurité est la différence entre le chiffre d'affaires réalisé et le seuil de rentabilité. L'indice de sécurité est le rapport entre cette marge et le chiffre d'affaires. Il mesure le pourcentage de baisse d'activité que l'entreprise peut supporter avant d'entrer en perte.

440. Qu'est-ce que le levier opérationnel et comment l'interpréter ?

Le levier opérationnel mesure la sensibilité du résultat aux variations du chiffre d'affaires. Il s'obtient en rapportant la marge sur coût variable au résultat d'exploitation. Un levier élevé traduit une forte proportion de charges fixes, donc une rentabilité très sensible aux fluctuations d'activité et un risque d'exploitation important.

441. Qu'est-ce que la méthode du coût spécifique ou direct costing évolué ?

Elle impute à chaque produit ses charges variables et les charges fixes qui lui sont directement attribuables, dégageant une marge sur coût spécifique. Seules les charges fixes communes restent globales. Cette méthode affine les décisions d'abandon de produit en distinguant les charges qui disparaîtraient effectivement.

442. Qu'est-ce que la méthode de l'imputation rationnelle des charges fixes ?

Elle consiste à n'imputer aux coûts que la fraction des charges fixes correspondant au rapport entre l'activité réelle et l'activité normale. La différence constitue un coût de sous-activité ou un boni de suractivité, isolé dans le résultat. Elle neutralise l'influence du niveau d'activité sur le coût unitaire.

443. Comment valorise-t-on les stocks en comptabilité de gestion ?

Les entrées sont valorisées au coût d'achat ou au coût de production. Les sorties sont valorisées selon le coût unitaire moyen pondéré ou la méthode du premier entré premier sorti. La cohérence entre valorisation analytique et valorisation comptable doit être assurée pour permettre le rapprochement des résultats.

444. Qu'est-ce qu'un coût préétabli et à quoi sert-il ?

Un coût préétabli est un coût calculé à l'avance à partir de normes techniques et économiques. Il sert de référence pour valoriser la production, établir les budgets et mesurer les écarts avec les coûts réels. Il constitue le fondement de la méthode des coûts standards et du contrôle budgétaire.

445. Comment se décompose l'écart global sur charges directes ?

L'écart global se décompose en un écart sur quantité, égal à la différence de quantités multipliée par le coût préétabli, et un écart sur coût, égal à la différence de coûts multipliée par la quantité réelle. Cette décomposition permet d'identifier les responsabilités techniques et les responsabilités d'achat.

446. Comment analyse-t-on l'écart sur charges indirectes ?

L'écart global se décompose classiquement en trois sous-écarts : l'écart sur budget, mesurant la maîtrise des dépenses, l'écart sur activité, traduisant l'imputation des charges fixes, et l'écart sur rendement, révélant l'efficience de l'utilisation des unités d'œuvre. Chacun est rattaché à un responsable identifié.

447. Qu'est-ce que le coût marginal et quelle décision éclaire-t-il ?

Le coût marginal est le coût de la dernière unité produite ou de la dernière série lancée. Il permet d'apprécier l'intérêt d'accepter une commande supplémentaire à prix réduit, dès lors que le prix proposé couvre ce coût marginal et contribue à l'absorption des charges fixes déjà engagées.

448. Comment décide-t-on de faire ou de faire faire ?

On compare le coût de la production interne, en ne retenant que les charges réellement évitables, au prix de la sous-traitance augmenté des coûts de coordination et de contrôle. Il faut également intégrer des critères qualitatifs comme la maîtrise technologique, la confidentialité, la qualité et la dépendance vis-à-vis du fournisseur.

449. Comment détermine-t-on un prix de vente à partir des coûts ?

La méthode du coût majoré applique un taux de marge au coût de revient complet. La méthode du prix cible part du prix acceptable par le marché et en déduit le coût maximal admissible. Cette seconde approche, appelée coût cible, est plus adaptée aux marchés concurrentiels.

450. Qu'est-ce que le coût cible ou target costing ?

Le coût cible est obtenu en retranchant du prix de vente accepté par le marché la marge souhaitée. Il constitue une contrainte imposée à la conception du produit, qui doit être ajustée pour respecter ce plafond. Cette méthode inverse la logique traditionnelle du calcul de coût.

451. Qu'est-ce que le coût global ou coût du cycle de vie ?

Le coût global intègre l'ensemble des coûts supportés sur la durée de vie du produit, depuis la conception jusqu'au retrait, en incluant l'utilisation, la maintenance et le démantèlement. Cette approche éclaire les décisions d'investissement en évitant de privilégier le seul coût d'acquisition initial.

452. Comment détermine-t-on une gamme optimale de production sous contrainte ?

Lorsqu'un facteur est limitant, on classe les produits selon leur marge sur coût variable par unité de facteur rare et on sature d'abord les productions les plus rentables. En présence de plusieurs contraintes, la programmation linéaire permet de déterminer la combinaison optimale.

453. Qu'est-ce que le prix de cession interne et quelles méthodes existent ?

Le prix de cession interne valorise les échanges entre centres de responsabilité. Il peut être fondé sur le coût réel, le coût standard, le coût marginal, ou sur le prix de marché. Le choix influence la mesure des performances des centres et peut induire des comportements non conformes à l'intérêt global.

454. Comment articule-t-on comptabilité générale et comptabilité de gestion ?

Le résultat analytique global doit être rapproché du résultat comptable. Les écarts s'expliquent par les charges non incorporables, les charges supplétives, les différences d'inventaire et les différences de traitement des amortissements. Ce rapprochement, formalisé dans une table de concordance, valide la fiabilité du système analytique.

455. Quelles limites présente la méthode des coûts complets ?

Elle repose sur des clés de répartition conventionnelles pouvant fausser les coûts unitaires, elle est sensible au niveau d'activité, elle est lourde à mettre en œuvre et elle fournit une information souvent tardive. Elle demeure néanmoins indispensable pour la valorisation des stocks en comptabilité financière.

Chapitre 14 — Gestion budgétaire et choix d'investissement

456. Qu'est-ce que la gestion budgétaire et quelles sont ses étapes

La gestion budgétaire est un mode de pilotage consistant à traduire les objectifs en prévisions chiffrées, à suivre les réalisations et à analyser les écarts pour engager des actions correctrices. Elle comprend la prévision, la budgétisation, le contrôle et l'action corrective, dans un cycle annuel articulé au plan stratégique.

457. Comment s'articulent les différents budgets d'une entreprise ?

Le budget des ventes constitue le budget déterminant, dont découlent le budget de production, le budget des approvisionnements, le budget des investissements et le budget des frais généraux. Ces budgets alimentent le budget de trésorerie, qui aboutit au compte de résultat et au bilan prévisionnels.

458. Quelles méthodes permettent d'établir une prévision de ventes ?

On utilise l'ajustement linéaire par la méthode des moindres carrés, les moyennes mobiles pour lisser les fluctuations, les coefficients saisonniers pour corriger les variations périodiques, ainsi que les méthodes qualitatives fondées sur les avis d'experts ou les études de marché lorsque l'historique est insuffisant.

459. Comment calcule-t-on une droite d'ajustement par les moindres carrés ?

On détermine les coefficients a et b de la droite y égale ax plus b, en calculant a comme le rapport de la covariance de x et y sur la variance de x, et b comme la différence entre la moyenne de y et a multiplié par la moyenne de x. On extrapole ensuite pour les périodes futures.

460. Comment détermine-t-on des coefficients saisonniers ?

On calcule les valeurs ajustées par la tendance pour chaque période, puis le rapport entre la valeur observée et la valeur ajustée. La moyenne de ces rapports par période saisonnière donne le coefficient, éventuellement corrigé pour que la moyenne des coefficients soit égale à un. La prévision est ensuite obtenue en multipliant la tendance par le coefficient.

461. Qu'est-ce que le budget de production et comment l'établit-on

Il traduit en volumes et en coûts le programme nécessaire pour satisfaire les prévisions de ventes, compte tenu des stocks initiaux et finaux souhaités. Il doit être compatible avec les capacités disponibles, ce qui peut conduire à recourir à la programmation linéaire pour optimiser l'utilisation des facteurs rares.

462. Comment construit-on un budget des approvisionnements ?

On détermine les quantités à consommer à partir du programme de production, on définit le niveau de stock de sécurité et le rythme de réapprovisionnement, puis on budgétise les commandes et les livraisons. Le budget distingue les périodes de consommation, de commande et de règlement, ce qui alimente le budget de trésorerie.

463. Qu'est-ce que le modèle de Wilson et à quoi sert-il ?

Le modèle de Wilson détermine la quantité économique de commande minimisant le coût total d'approvisionnement, somme du coût de passation et du coût de possession. La quantité optimale est égale à la racine carrée du double du produit de la consommation annuelle par le coût de passation, divisé par le coût unitaire de possession.

464. Qu'est-ce qu'un stock de sécurité et comment le dimensionner

Le stock de sécurité couvre les aléas de consommation et de délai de livraison. Son dimensionnement dépend du niveau de service recherché, de la variabilité de la demande et de la durée du délai d'approvisionnement. Un stock trop élevé immobilise de la trésorerie, un stock insuffisant expose au risque de rupture.

465. Comment se construit un budget de trésorerie ?

On recense mois par mois les encaissements issus des ventes selon les délais de règlement, les décaissements liés aux achats, aux salaires, aux charges sociales et fiscales, aux investissements et aux remboursements d'emprunts. La TVA fait l'objet d'une ligne spécifique. Le solde cumulé révèle les besoins ou excédents mensuels.

466. Comment traite-t-on la TVA dans un budget de trésorerie ?

On calcule mensuellement la TVA collectée sur les ventes du mois selon les règles d'exigibilité et la TVA déductible sur les achats et immobilisations. La TVA due est décaissée le mois suivant. Un tableau intermédiaire de calcul de la TVA doit précéder le budget de trésorerie proprement dit.

467. Quelles actions envisager face à un budget de trésorerie déficitaire ?

On peut mobiliser des créances par escompte ou affacturage, négocier un découvert ou une ligne de crédit court terme, décaler certains investissements, renégocier des délais fournisseurs, accélérer le recouvrement client ou renforcer les fonds propres. Le coût de chaque solution doit être comparé au besoin réel et à sa durée.

468. Qu'est-ce que le compte de résultat prévisionnel et comment l'établir ?

Il traduit en produits et charges l'ensemble des budgets d'exploitation, indépendamment des flux de trésorerie. Il permet de vérifier que l'activité prévue dégage un résultat suffisant et de calculer les soldes intermédiaires de gestion prévisionnels ainsi que la capacité d'autofinancement attendue.

469. Qu'est-ce que le bilan prévisionnel et quelle est son utilité ?

Le bilan prévisionnel présente la situation patrimoniale à la fin de la période budgétée, en intégrant les investissements, les financements, les variations de stocks, de créances et de dettes et le résultat prévisionnel. Il permet de contrôler l'évolution du fonds de roulement, du besoin en fonds de roulement et de l'endettement.

470. Qu'est-ce qu'un plan de financement et sur quel horizon l'établit-on ?

Le plan de financement est un document prévisionnel pluriannuel, généralement sur trois à cinq ans, confrontant les besoins durables, tels que les investissements, la variation du besoin en fonds de roulement, les remboursements d'emprunts et les dividendes, aux ressources durables comme la capacité d'autofinancement, les apports et les emprunts nouveaux.

471. Comment équilibre-t-on un plan de financement présentant un déficit ?

On peut augmenter le capital, souscrire un emprunt complémentaire, recourir au crédit-bail, céder des actifs non stratégiques, réduire ou étaler le programme d'investissement, ou limiter la distribution de dividendes. Chaque solution modifie la structure financière et doit être appréciée au regard de la capacité de remboursement.

472. Quels sont les principaux critères de choix d'investissement ?

On retient la valeur actuelle nette, le taux interne de rentabilité, le délai de récupération du capital investi et l'indice de profitabilité. Ces critères reposent sur l'actualisation des flux de trésorerie prévisionnels générés par le projet, au taux de rentabilité exigé par les apporteurs de capitaux.

473. Comment se calcule et s'interprète la valeur actuelle nette ?

La valeur actuelle nette est la somme des flux de trésorerie futurs actualisés diminuée du montant de l'investissement initial. Un projet est acceptable si elle est positive, ce qui signifie qu'il crée de la valeur au-delà du coût des capitaux engagés. Entre plusieurs projets, on retient la valeur actuelle nette la plus élevée.

474. Qu'est-ce que le taux interne de rentabilité ?

Le taux interne de rentabilité est le taux d'actualisation qui annule la valeur actuelle nette. Le projet est acceptable si ce taux excède le coût du capital. Ce critère est intuitif mais peut conduire à des classements contradictoires avec la valeur actuelle nette lorsque les projets diffèrent en taille ou en durée.

475. Qu'est-ce que le délai de récupération du capital investi ?

C'est la durée nécessaire pour que les flux de trésorerie cumulés, actualisés ou non, égalent le montant investi. Il mesure la rapidité du retour sur investissement et donc le risque. Il ignore toutefois les flux postérieurs à la récupération, ce qui en fait un critère complémentaire et non principal.

476. Comment détermine-t-on les flux de trésorerie d'un projet d'investissement ?

On calcule, pour chaque période, le résultat d'exploitation après impôt majoré des dotations aux amortissements, corrigé de la variation du besoin en fonds de roulement et des dépenses d'investissement. La valeur résiduelle du projet est intégrée en fin d'horizon. Les charges financières sont exclues, le financement étant pris en compte par le taux d'actualisation.

477. Qu'est-ce que le coût moyen pondéré du capital ?

C'est la moyenne des coûts des différentes sources de financement, pondérée par leur poids respectif dans la structure financière. Le coût de la dette est retenu après impôt en raison de la déductibilité des intérêts. Il sert de taux d'actualisation de référence pour les projets présentant un risque comparable à celui de l'entreprise.

478. Comment intégrer le risque dans un choix d'investissement ?

On peut majorer le taux d'actualisation d'une prime de risque, réaliser des analyses de sensibilité en faisant varier les hypothèses clés, construire plusieurs scénarios optimiste, moyen et pessimiste, ou recourir à des méthodes probabilistes calculant l'espérance et l'écart type de la valeur actuelle nette.

479. Quelles limites présente la gestion budgétaire classique ?

Elle est lourde à élaborer, rapidement obsolète dans des environnements instables, et peut inciter à des comportements de négociation de moyens plutôt que de performance. Des approches alternatives comme la prévision glissante, le budget base zéro ou la gestion sans budget ont été développées pour dépasser ces limites.

Chapitre 15 — Tableaux de bord, communication financière et pilotage

480. Qu'est-ce qu'un tableau de bord de gestion ?

Un tableau de bord est un ensemble restreint d'indicateurs sélectionnés pour permettre à un responsable de suivre l'atteinte de ses objectifs et de réagir rapidement. Il privilégie la pertinence et la rapidité sur l'exhaustivité et la précision comptable, et se distingue en cela des documents de synthèse financiers.

481. Quelles qualités doit présenter un bon indicateur de pilotage ?

Il doit être pertinent au regard de l'objectif poursuivi, fiable dans sa mesure, disponible rapidement, compréhensible par son destinataire et actionnable, c'est-à-dire relatif à une variable que le responsable peut réellement influencer. Un indicateur non actionnable génère de la frustration sans améliorer la performance.

482. Comment structure-t-on un tableau de bord ?

On identifie d'abord les objectifs et les facteurs clés de succès, puis on définit pour chacun un ou deux indicateurs, on fixe des valeurs cibles et des seuils d'alerte, on choisit la périodicité et le format de présentation, et on désigne le responsable de la production et de l'analyse de chaque donnée.

483. Qu'est-ce que le tableau de bord prospectif de Kaplan et Norton ?

Le balanced scorecard structure le pilotage autour de quatre axes équilibrés : financier, clients, processus internes, et apprentissage organisationnel. Il relie les indicateurs par des relations de cause à effet traduisant la stratégie, évitant ainsi le pilotage exclusivement financier et rétrospectif.

484. Quelle différence entre indicateur de résultat et indicateur avancé ?

Un indicateur de résultat mesure une performance déjà réalisée, comme le chiffre d'affaires ou la marge. Un indicateur avancé mesure un déterminant susceptible d'annoncer une performance future, comme le carnet de commandes, le taux de satisfaction client ou le nombre de devis émis. Un tableau de bord équilibré combine les deux.

485. Quels indicateurs de trésorerie suivre au quotidien ?

On suit la position de trésorerie en date de valeur, les prévisions d'encaissements et de décaissements à court terme, l'encours d'utilisation des lignes de crédit, les créances échues non réglées et l'échéancier des règlements à venir. Ce suivi permet d'anticiper les tensions et d'optimiser les placements de trésorerie excédentaire.

486. Qu'est-ce que la gestion de trésorerie en date de valeur ?

La date de valeur est la date à laquelle une opération est prise en compte pour le calcul des intérêts, distincte de la date d'opération. La gestion en date de valeur permet d'éviter les découverts non intentionnels et de minimiser les frais financiers en optimisant les dates de règlement et d'encaissement.

487. Comment optimiser la gestion des excédents de trésorerie ?

On peut placer les excédents en comptes à terme, en titres de créances négociables ou en organismes de placement collectif monétaires, en arbitrant entre rendement, liquidité et sécurité. Il faut d'abord rembourser les concours coûteux, la réduction d'un découvert offrant généralement un rendement supérieur à un placement.

488. Qu'est-ce que le contrôle budgétaire et comment analyse-t-on les écarts ?

Le contrôle budgétaire compare périodiquement les réalisations aux prévisions et décompose les écarts pour en identifier les causes et les responsables. Un écart favorable ne doit pas être négligé car il peut révéler une prévision erronée. Seuls les écarts significatifs justifient une analyse approfondie et une action corrective.

489. Qu'est-ce que la gestion par exception ?

La gestion par exception consiste à ne remonter au niveau hiérarchique supérieur que les écarts dépassant un seuil de signification prédéfini. Elle concentre l'attention des dirigeants sur les situations anormales et évite la dispersion sur des variations mineures, tout en préservant la responsabilisation des niveaux opérationnels.

490. Quels sont les indicateurs de suivi de la performance commerciale ?

On suit le chiffre d'affaires par produit, client et zone géographique, le taux de marge, le nombre de nouveaux clients, le taux de transformation des devis, le panier moyen, le taux de fidélisation et l'évolution du carnet de commandes. Ces indicateurs éclairent la dynamique commerciale au-delà du seul volume de ventes.

491. Comment mesure-t-on la performance d'un centre de profit ?

On mesure sa contribution au résultat, c'est-à-dire la marge dégagée après imputation des charges qui lui sont directement attribuables et sur lesquelles le responsable a prise. Les charges de structure non maîtrisables ne doivent pas lui être imputées si elles faussent l'appréciation de sa performance réelle.

492. Qu'est-ce que le reporting financier et à qui s'adresse-t-il ?

Le reporting est la transmission périodique d'informations financières standardisées vers la hiérarchie, la direction générale ou la société mère. Il assure la remontée d'information et la consolidation, alors que le tableau de bord est d'abord un outil de pilotage local. Les deux se nourrissent des mêmes données de base.

493. Comment présenter des états prévisionnels à un partenaire financier ?

Il faut présenter des hypothèses explicites et justifiées, des documents cohérents entre eux, un compte de résultat, un plan de financement et un budget de trésorerie, ainsi qu'une analyse de sensibilité montrant la robustesse du projet. La présentation doit être claire, chiffrée et accompagnée d'un commentaire synthétique.

494. Quelles hypothèses doivent être documentées dans un dossier prévisionnel ?

Doivent être explicitées les hypothèses de chiffre d'affaires en volume et en prix, les taux de marge, l'évolution des effectifs et des salaires, les délais de règlement clients et fournisseurs, la durée de rotation des stocks, le programme d'investissement, les conditions de financement et le taux d'imposition retenu.

495. Comment mener une analyse de sensibilité sur un prévisionnel ?

On fait varier isolément les hypothèses les plus incertaines, comme le niveau d'activité, le taux de marge ou le délai de règlement clients, et on mesure l'impact sur le résultat et sur la trésorerie. On identifie ainsi les variables critiques et le seuil au-delà duquel l'équilibre financier est compromis.

496. Quels outils numériques le gestionnaire comptable utilise-t-il pour ses travaux prévisionnels ?

Il utilise le tableur pour la modélisation, les modules de gestion budgétaire des progiciels comptables, les outils de business intelligence pour la restitution graphique et les plateformes de prévision de trésorerie connectées aux comptes bancaires. La maîtrise du tableur reste une compétence centrale du référentiel.

497. Quelles précautions prendre lors de la construction d'un modèle sur tableur ?

Il faut isoler les hypothèses dans une feuille dédiée, éviter les valeurs saisies en dur dans les formules, documenter les calculs, protéger les cellules de formules, contrôler la cohérence par des totaux de vérification et conserver une trace des versions successives. Ces précautions garantissent la fiabilité et l'auditabilité du modèle.

498. Comment le gestionnaire comptable communique-t-il les résultats de ses analyses ?

Il adapte son message au destinataire, privilégie la synthèse et les représentations graphiques, hiérarchise les informations, explicite les hypothèses et les limites, et formule des recommandations opérationnelles. La qualité de la restitution conditionne l'utilisation effective de l'analyse par les décideurs.

499. Quelles obligations de confidentialité encadrent la diffusion d'informations financières ?

Les informations financières non publiques ne peuvent être diffusées qu'aux personnes habilitées. Le gestionnaire comptable est tenu à une obligation de discrétion professionnelle, et à un secret professionnel renforcé en cabinet d'expertise comptable. La diffusion d'informations privilégiées sur une société cotée est pénalement sanctionnée.

500. Quelles compétences comportementales le référentiel attend-il d'un gestionnaire comptable et fiscal ?

Le référentiel valorise la rigueur, l'organisation, le respect des échéances, la capacité d'analyse et d'esprit critique, l'aptitude à communiquer avec des interlocuteurs non comptables, la discrétion, l'éthique professionnelle et la capacité à actualiser en permanence ses connaissances face à l'évolution rapide de la réglementation.

Repères réglementaires essentiels

Titre professionnel — Arrêté du 4 juillet 2023 (JO du 21 juillet 2023) — RNCP 37949 — niveau 5.

Comptabilité — Règlement ANC n° 2014-03 (PCG) modifié ; règlement ANC n° 2022-06 applicable aux exercices ouverts depuis le 1er janvier 2025.

Obligations comptables — Articles L. 123-12 à L. 123-28 du code de commerce ; conservation dix ans.

Seuils micro-entreprise (comptable) — 450 000 € de bilan / 900 000 € de CA / 10 salariés (décret n° 2024-152 du 28 février 2024).

Seuils petite entreprise (comptable) — 7,5 M€ de bilan / 15 M€ de CA / 50 salariés.

Commissariat aux comptes — 5 M€ de bilan / 10 M€ de CA / 50 salariés (loi PACTE).

Taux de TVA — 20 % — 10 % — 5,5 % — 2,1 % en France métropolitaine.

Franchise en base de TVA 2026 — 85 000 € (biens) et 37 500 € (services) ; seuils majorés 93 500 € et 41 250 € — loi du 4 novembre 2025.

Régime réel simplifié TVA — CA ≤ 840 000 € (ventes) ou 254 000 € (services) et TVA due < 15 000 €.

Facturation électronique — Réception obligatoire pour tous au 1er septembre 2026 ; émission GE et ETI au 1er septembre 2026, PME et TPE au 1er septembre 2027.

Impôt sur les sociétés — Taux normal 25 % ; taux réduit 15 % sur 42 500 € (CA ≤ 10 M€, capital libéré détenu à 75 % par des personnes physiques).

Contribution sociale sur les bénéfices — 3,3 % de l'IS excédant 763 000 € (CA ≥ 7,63 M€).

Report des déficits (IS) — En avant sans limite de durée, plafonné à 1 M€ + 50 % de la fraction excédentaire ; report en arrière limité à 1 M€.

Crédit d'impôt recherche — 30 % jusqu'à 100 M€ de dépenses, 5 % au-delà.

Régime mère-fille — Détention ≥ 5 %, conservation 2 ans, quote-part de frais et charges de 5 %.

Intégration fiscale — Détention ≥ 95 %, option quinquennale renouvelable.

Délai de reprise — 3 ans en principe ; 10 ans en cas d'activité occulte.

Pénalités fiscales — Intérêt de retard 0,20 %/mois ; majorations de 10 %, 40 % ou 80 %.

Délais de paiement — 60 jours date de facture ou 45 jours fin de mois.

Amortissement des véhicules de tourisme — Plafonds de 30 000 €, 20 300 €, 18 300 € ou 9 900 € selon les émissions de CO_2.

Méthode de révision conseillée

Première lecture — parcourir un chapitre entier en lisant question et réponse, sans chercher à mémoriser. L'objectif est de cartographier la matière et d'identifier les zones inconnues.

Deuxième passage — masquer la réponse, formuler la sienne à voix haute, puis comparer. Marquer d'une croix toute question dont la restitution est approximative.

Troisième passage — ne reprendre que les questions marquées. Répéter jusqu'à ce que la liste soit vide.

Révision espacée — reprendre chaque chapitre à J+1, J+7 puis J+21. Cette répétition espacée fixe durablement les connaissances, bien mieux qu'une relecture massive la veille de l'épreuve.

Entraînement croisé — travailler à deux, chacun interrogeant l'autre de façon aléatoire, en variant l'ordre des questions pour éviter la mémorisation par contexte.

Ancrage professionnel — pour chaque chapitre, retrouver dans son expérience ou son stage un exemple concret illustrant la réponse. C'est exactement ce que le jury attendra lors de l'entretien technique.

Conclusion

Vous arrivez au terme de cet ouvrage composé de 500 questions-réponses conçues pour vous aider à réviser efficacement les connaissances et les compétences attendues pour l'obtention de votre titre professionnel.

Tout au long de votre préparation, vous avez pu vérifier vos acquis, identifier les notions à approfondir et vous familiariser avec les principales situations susceptibles d'être rencontrées lors de la formation, des évaluations ou dans l'exercice du métier. Cette méthode d'apprentissage par questions-réponses permet de réviser de manière active, progressive et structurée.

Pour consolider votre préparation, n'hésitez pas à reprendre les questions qui vous ont posé des difficultés, à compléter vos connaissances à l'aide de vos supports de formation et à vous entraîner régulièrement. L'objectif n'est pas seulement de mémoriser les réponses, mais de comprendre les notions abordées afin de pouvoir les mobiliser dans différentes situations professionnelles.

Gardez également à l'esprit que la réussite repose sur plusieurs éléments : une bonne maîtrise des compétences techniques, une posture professionnelle adaptée, une communication efficace, le respect des consignes et la capacité à analyser les situations rencontrées.

La régularité, la persévérance et la confiance en vos compétences seront vos meilleurs atouts pour réussir les épreuves et obtenir votre titre professionnel.

Nous vous souhaitons une excellente préparation et beaucoup de réussite dans votre parcours professionnel.